LE LIVRE DE CUISINE POUR LA CUISSON DU PAIN POUR LES DÉBUTANTS

100 recettes de machine à pain simples et délicieuses que tout le monde peut faire.

THIERRI DURAND

© COPYRIGHT 2021 TOUS DROITS RÉSERVÉS

Ce document vise à fournir des informations exactes et fiables sur le sujet et la problématique abordés. La publication est vendue avec l'idée que l'éditeur n'est pas tenu de rendre des services comptables, officiellement autorisés ou autrement qualifiés. Si des conseils juridiques ou professionnels sont nécessaires, une personne ayant exercé la profession doit être mandatée.

Il n'est en aucun cas légal de reproduire, dupliquer ou transmettre toute partie de ce document sous forme électronique ou imprimée. L'enregistrement de cette publication est strictement interdit et tout stockage de ce document n'est autorisé qu'avec l'autorisation écrite de l'éditeur. Tous les droits sont réservés.

Avertissement de non-responsabilité, les informations contenues dans ce livre sont véridiques et complètes au meilleur de notre connaissance. Toute recommandation est faite sans garantie de la part de l'auteur ou de l'édition de l'histoire. L'auteur et l'éditeur déclinent toute responsabilité quant à l'utilisation de ces informations

Sommario

THIERRI DURAND 1
INTRODUCTION 9
  RECETTES DE PAIN AU FOUR 10
    sésame noir 10
    2. baguette 12
    3. Pain aux bananes aux noix 15
    4. Pain de maïs de la poêle 18
    5. Pain au babeurre croustillant 20
    6. Pain aux noix 22
    7. pain aux bananes 24
    8. Pain de seigle au levain 26
    9. Pain de seigle copieux au levain 28
    10. Pain de maïs mexicain 30
    11. Bâtonnets de pain aux tomates 32
    12. Bâtonnets de pain à l'ail 34
    13. Focaccia de pommes de terre aux courgettes 37
    14. Focaccia grillée 40
    15. Pain d'épeautre rapide 42
    16. Pain à pizza épicé 44

17. Pain aux graines de citrouille 46
18. Pain à la patate douce 48
19. Pain d'épices 51
20. Pain mixte 53
PAINS GRILLÉS 55
21. Pain sur une brochette 55
22. pain à l'ail 57
23. Pain grillé grillé 59
24. Pain sur un bâton 61
25. Pain aux herbes au four 63
26. Pain blanc fourré 66
27. Pain aux noix 68
28. Contre-filet avec pain à l'ail 70
29. Focaccia à faible teneur en glucides 72
30. Griller du pain plat 75
31. Pain grillé épicé 77
32. Baguette aux herbes 79
34. Sandwich au cochon de lait 83
35. Salade de pain croustillant et fromage 85
36. Rouleaux de dinde au fromage à la crème .. 88
37. Cevapcici en galette 90
38. Pains au saumon fumé 92
39. Pain gratiné 94
PAIN POUR LE PETIT DEJEUNER 98
41. Pain de remise en forme 98

42. Pain au Cacao et à l'Orange 100
43. Pain complet d'épeautre............................ 103
44. Pain aux œufs aux herbes avec crème de tomate 105
45. Pain kamut à l'avoine et au millet 108
46. Pain fitness à la truite fumée 110
47. Oeuf au plat dans du pain croustillant 112
48. Tramezzini au thon.................................... 114
49. Pain aux olives 116
50. Pain aux bananes égayé........................... 118
51. Pain au micro-ondes................................. 120
52. Sandwichs crémeux au concombre............ 122
53. Pain Protéiné Moelleux Avec Nutri-Plus ... 124
54. Pain Keto rapide au micro-ondes 126
55. Pain au fromage avec bacon.................... 127
56. Pain Fromage Flétan Fromage 129
57. Sandwich Aubergine Grillée 131
58. Sandwich ouvert concombre et chou frisé 133
59. Pain Fromage Épinards............................. 135
60. Tramezzini au jambon et gorgonzola........ 137
COLLATIONS.. 139
61. Pain gratiné 139

62. Brochettes de pain et fromage 141
63. Terrine de pain aux herbes aux groseilles 143
64. Pain kamut à l'avoine et au millet 145
65. Sandwich au jambon 147
66. Bruschette avec garniture aux œufs 149
67. Tramezzini au thon 150
68. pain aux pommes de terre 152
69. Pain à l'avocat 155
70. Pain aux olives 157
71. Crème d'aubergines sur pain de sarrasin à 159
l'épeautre 159
72. Pain de poisson croustillant 162
73. Pain à l'oignon au chèvre 165
74. Bruschetta aux herbes 167
75. Baguette à l'avocat au four 169
76. Baguette au four au saumon et raifort ... 171
77. Bruschetta aux Tomates 173
78. Gâteau sandwich 175
79. Toast de thon au pesto 176
80. Bruschette aux olives 179
RECETTES DE SALADE 180
81. Panzanella (salade de pain toscane) 181
82. Salade de pain aux tomates et calamaretti 183
au four 183
83. Salade de pain blanc à la mozzarella 186

84. Salade de pain au four avec tomates séchées de la friteuse à air chaud 187
85. Salade de pain aux tomates avec pulpo frit 189
86. salade de pain 192
87. Salade de pain aux tomates et calamaretti au four 194
88. Salade de pain aux haricots et poivrons ... 197
89. taramosalate 199
90. Salade de pain à l'italienne 201
91. Salade de pain croustillant et fromage 203
92. Cevapcici en galette 206
93. Pain Protéiné Moelleux Avec Nutri-Plus ... 208
94. Salade étagée colorée 210
95. Sandwich caprese 212
96. Aubergines au parmesan au four dans le .. 214
moule à feuilles 214
97. Sandwich Aubergine Grillée 216
98. Pain aux oeufs aux herbes avec crème de tomate 218
99. Toasts méditerranéens 221
100. Tramezzini avec oeuf et anchois 222
CONCLUSION 223

INTRODUCTION

Le pain est un aliment présent dans l'alimentation de la plupart des gens dans le monde. Bien que très populaire, vous pouvez trouver différentes versions de cet aliment et chaque pays a ses propres favoris. En plus de la grande variété de pains que nous pouvons trouver, il est possible de servir cette nourriture à tout moment de la journée pour le petit-déjeuner, le déjeuner, des repas légers et même le dîner.

On n'a pas toujours envie d'aller dans une boulangerie et on a envie de manger du pain chaud fait maison. Ou encore envie de manger du pain qu'il n'est pas facile d'acheter tout fait. Pour résoudre ces problèmes, vous pouvez préparer un délicieux pain dans le confort de votre foyer.

RECETTES DE PAIN AU FOUR

1. Pain au curry au curcuma et aux graines de sésame noir

Ingrédients
- 150 g de noix de cajou
- 1 cuillère à café de levure sèche
- 400 g Farine de blé type 550
- 10g de beurre
- 3 cuillères à café de sucre
- 2 cuillères à café de sel
- 2 g de cumin/cumin
- 1 g de curcuma en poudre
- 2 g de curry en poudre

- 1 du sésame noir

Étapes de préparation
1. Hacher finement les noix de cajou. Ajouter la levure, la farine, le beurre, le sucre, le sel, le cumin, le curcuma et la poudre de cari dans la casserole de la machine à pain.
2. Ajouter 280 ml d'eau et cuire le pain dans la machine à pain. Couper dans le pain 1 heure avant la fin de la cuisson et parsemer de graines de sésame.

2. baguette

Ingrédients
- 250 g de farine de blé type 550
- 225g de farine de blé entier
- 15 g de levure fraîche
- 12 g de sel (2 cuillères à café)
- 1 cuillère à soupe d'huile de colza

Étapes de préparation
1. La veille, pour la pâte à levain, mettez 125 g de farine de blé et 75 g de farine de blé entier dans un bol. Émietter dans 10 g de levure et ajouter 250 ml d'eau tiède.
2. Pétrir avec le crochet pétrisseur du batteur à main pendant 1 minute. Bien couvrir d'un film alimentaire et laisser lever à

température ambiante pendant au moins 12 heures.

3. Le lendemain, mettez le reste de la farine et le reste de la farine de blé entier dans un bol avec du sel et faites un puits au milieu. Émietter le reste de levure. Versez 125 ml d'eau tiède et laissez reposer 10 minutes.

4. Ajouter la pré-pâte aux autres ingrédients dans le bol et pétrir le tout avec le crochet pétrisseur du batteur à main pendant 4 minutes.

5. Placer la pâte sur un plan de travail fariné et pétrir à la main encore 10 minutes en ajoutant un peu de farine si besoin, jusqu'à ce que la pâte ne colle plus aux mains.

6. Mettre l'huile dans un bol et y retourner la boule de pâte pour humidifier la surface. Couvrir d'un film alimentaire et laisser lever à température ambiante 1h30 jusqu'à ce que le volume ait doublé.

7. Battre légèrement la pâte et façonner en un pain allongé. Laisser lever encore 60 minutes.

8. Placer le pâton sur le plan de travail fariné et le quart.
9. Répartissez les pâtons en bâtonnets de baguette en les pressant doucement et en les roulant en même temps.
10. Placer les morceaux de pâte à baguette sur une plaque à pâtisserie recouverte de papier sulfurisé et couvrir d'un torchon fariné et laisser lever 40 minutes.
11. Marquez les baguettes en diagonale plusieurs fois avec un couteau bien aiguisé. Cuire au four préchauffé à 220°C sur la 2ème grille en partant du bas pendant 30 à 35 minutes.
12. Laisser refroidir les baguettes sur la grille du four avant de servir.

3. Pain aux bananes aux noix

Ingrédients
- 300 g de farine de blé type 1050
- 1 sachet de levure chimique
- ½ cuillère à café de sel
- Noix de muscade
- 150 g de cerneaux de noix
- 1 gousse de vanille
- 1 pomme
- 80g de beurre
- 50 g de sucre de fleur de coco

- 1 oeuf
- 500 g de bananes mûres (3 bananes mûres)

Étapes de préparation

1. Tamiser la farine, la levure chimique et le sel dans un saladier. Frottez un peu de muscade directement dedans.
2. Hacher finement les noix dans un hachoir éclair ou avec un grand couteau et les ajouter au mélange de farine.
3. Épluchez les bananes, coupez-les en petits morceaux, placez-les dans un bol et mixez-les au mixeur plongeant ou écrasez-les finement à la fourchette.
4. Coupez la gousse de vanille dans le sens de la longueur, grattez la pulpe et incorporez-la à la sauce banane.
5. Laver et râper la pomme et incorporer le beurre et le sucre de fleur de coco dans un bol avec le fouet d'un batteur à main jusqu'à consistance mousseuse, incorporer l'œuf. Ajoutez ensuite progressivement le mélange de purée de banane et de farine au mélange de beurre.
6. Beurrer un petit moule à cake si besoin. Versez la pâte et lissez-la avec une spatule en caoutchouc.

7. Cuire au four préchauffé à 175°C sur la grille du milieu pendant 50 à 60 minutes. Collez une pique en bois au milieu du gâteau : si elle reste propre lorsque vous la retirez, le gâteau est cuit ; sinon cuire encore quelques minutes.
8. Sortez le pain fini du four, laissez-le refroidir dans le moule pendant 5 minutes, puis démoulez-le.

4. Pain de maïs de la poêle

Ingrédients
- ½ frette sauge
- 50 cerneaux de noix
- 150 g de gruau de maïs
- 100 g de farine de blé type 1050
- 1 cuillère à soupe de levure chimique
- 1 cuillère à café de sel
- 250 ml de lait (1,5% de matière grasse)
- 2 cuillères à soupe de miel
- 2 oeufs
- 90g de beurre

Étapes de préparation
1. Laver la sauge, la secouer, arracher les feuilles, mettre 6 grosses de côté. Hacher grossièrement la sauge et les noix restantes chacune.
2. Mélanger le gruau de maïs, la farine, la levure chimique et le sel dans un bol avec la sauge hachée.
3. Mélanger le lait, le miel et les œufs dans un petit bol.
4. Faites chauffer une poêle allant au four dans le four préchauffé à 200°C pendant 10 minutes. Faites fondre le beurre dedans.
5. Verser le beurre fondu dans l'œuf-lait sauf pour environ 2 c. Mettez les feuilles de sauge dans la poêle chaude.
6. Incorporer le lait d'œuf au mélange de farine pour obtenir une pâte lisse. Versez-en 1/4 dans le moule et remuez pour le répartir.
7. Répartir les noix hachées sur le dessus et recouvrir du reste de la pâte. Remettez le moule au four et faites cuire le pain de maïs pendant 18 à 20 minutes. Ensuite, retirez la

casserole, laissez-la refroidir pendant 10 minutes et retournez le pain de maïs sur un plat.

5. Pain au babeurre croustillant

Ingrédients
- 100 g de muesli aux noix
- 250 ml de babeurre
- 300 g de farine de blé type 1050
- 150 g de semoule complète
- 1 sachet de levure chimique pour tartare
- Noix de muscade
- 600 g de bananes (4 petites bananes mûres)
- ½ citron vert
- 80g de miel

Étapes de préparation
1. Mélanger le muesli et le babeurre dans un bol, laisser tremper environ 10 minutes.
2. Pendant ce temps, mélangez la farine, la semoule et la levure dans un second bol, enrobez d'une pincée de muscade.
3. Eplucher les bananes et les écraser à la fourchette.
4. Pressez un demi citron vert.
5. Ajouter la purée de banane, le miel, 1 cuillère à soupe de jus de citron vert et le mélange muesli-babeurre au mélange de farine. Pétrissez le tout avec le crochet pétrisseur du batteur à main jusqu'à obtenir une pâte juteuse.
6. Placez la pâte dans un moule à cake (30 cm de long) recouvert de papier sulfurisé et enfournez sur la grille du four dans un four préchauffé à 200°C pendant environ 40 minutes.

6. Pain aux noix

Ingrédients
- 500 g de farine de blé entier
- 1 sachet de levure sèche
- 10 g de sucre de canne complet (1 cuillère à café)
- 2 branches de romarin
- 150 g de cerneaux de noix
- 2 cuillères à soupe de miel
- 1 cuillère à café de sel
- poivre
- 50 ml de lait (1,5% de matière grasse)
- 50 ml d'huile d'olive

Étapes de préparation
1. Mélanger la farine, la levure et le sucre dans un saladier.

2. Incorporer 250 ml d'eau tiède avec le crochet pétrisseur du batteur à main jusqu'à formation d'une pâte uniforme. Couvrir et laisser lever dans un endroit tiède pendant environ 30 minutes.
3. Pendant ce temps, rincez le romarin, essorezle, arrachez les aiguilles et hachez-le.
4. Faire griller brièvement les noix dans une poêle antiadhésive. Mélanger le miel et le romarin et chauffer. Salez et poivrez et placez dans une assiette.
5. Faites chauffer le lait tiède, puis incorporezle à la pâte avec l'huile. Pétrir le mélange noix-miel jusqu'à ce que tout soit collé et que la pâte soit brillante et lisse.
6. Façonnez la pâte en une longue miche de pain et placez-la sur une plaque à pâtisserie recouverte de papier sulfurisé. Couvrir et laisser lever dans un endroit tiède pendant environ 20 minutes. Cuire au four préchauffé à 220°C sur la grille du milieu pendant env. 40 min.

7. pain aux bananes

Ingrédients
- 100 g de noisettes en grains
- 600 g de bananes mûres (4 bananes mûres)
- 100 ml d'huile de colza
- 70 ml de sirop d'érable
- 1 pincée de cannelle en poudre
- 1 pincée de muscade en poudre
- 1 pincée de sel
- 40 ml de boisson à l'avoine (lait d'avoine) (4 cuillères à soupe)
- 280 g de farine d'épeautre complète
- ½ sachet de levure chimique

- 40 g d'amandes moulues (2 cuillères à soupe)

Étapes de préparation

1. Hacher grossièrement les noisettes et réserver. Pelez et hachez les bananes et hachez-les avec une fourchette ou un mixeur plongeant.

2. Battre les bananes avec l'huile, le sirop d'érable, la cannelle, la muscade, le sel et la boisson à l'avoine avec un batteur à main jusqu'à consistance crémeuse. Tamisez la farine avec la levure chimique et mélangez-la au mélange de bananes. Incorporer ensuite les amandes et la moitié des noix.

3. Verser la pâte dans un moule à cake chemisé de papier cuisson et parsemer du reste de noisettes. Cuire au four préchauffé à 180°C pendant environ 50 à 60 minutes jusqu'à ce qu'ils soient dorés.

8. Pain de seigle au levain

Ingrédients
- 1 sachet de levain naturel liquide
- ½ cuillère à café d'anis
- ½ cuillère à café rase de graines de fenouil
- ½ cuillère à café de graines de coriandre
- ½ cuillère à café rase de graines de carvi
- 400 g de farine d'épeautre type 1050
- 400 g de farine de seigle complète
- 2 paquets de levure sèche
- 1 cuillère à café de sucre de canne brut
- 2 cuillères à café de sel

Étapes de préparation
1. Chauffer le sac de levain dans un bol avec de l'eau tiède pendant environ 15 minutes. Pendant ce temps, écrasez finement l'anis, le fenouil, la coriandre et les graines de carvi dans un mortier.
2. Mélanger les deux types de farine, la levure, le sucre et le sel dans un bol. Ajouter environ 400 ml d'eau tiède et de levain au mélange et bien pétrir le tout. Si nécessaire, ajoutez un peu d'eau tiède ou de farine.
3. Couvrir la pâte dans un bol et laisser lever dans un endroit tiède pendant environ 1 heure.
4. Puis bien pétrir la pâte à nouveau et travailler dans l'épice à pain. Mettre la pâte dans un panier de fermentation fariné, couvrir et laisser lever 1 à 2 heures.
5. Tapisser une plaque à pâtisserie de papier parchemin et la recouvrir de pain de seigle. Cuire le pain de seigle avec un trait d'eau dans un four préchauffé à 240°C pendant 10

minutes, puis enfourner à 200°C en 35-40 minutes (test de frappe).
6. Sortez le pain de seigle du four et laissez-le refroidir complètement.

9. Pain de seigle copieux au levain

Ingrédients

1 cuillère à café de miel

450 g de farine de seigle complète

200 g de farine de blé entier

1 ½ cuillère à café de sel

1 cuillère à café de graines de coriandre moulues

1 pincée de graines de carvi moulues

1 sachet de levure sèche

Étapes de préparation

Pour le levain, mélangez 250 ml d'eau tiède et de miel, ajoutez 150 g de farine de seigle complète et mélangez avec une cuillère en bois pour former une pâte lisse. Couvrir le bol et laisser reposer dans un endroit tiède à au moins 20°C pendant trois jours ; Remuez vigoureusement matin et soir : le mélange fermente, forme des bulles et le volume augmente. La pâte finie doit être épaisse, avoir une odeur fraîche et faire des bulles.

Mélangez ensuite les deux types de farine avec du sel, des épices, du levain et de la levure. Ajouter 250 ml d'eau tiède et pétrir le tout en une pâte élastique. Couvrir et laisser lever dans un endroit tiède pendant environ 1 heure. Sortir la pâte du bol, pétrir vigoureusement sur un plan de travail fariné et façonner un pain rond.

Couvrir le pain dans un panier à levure fariné et laisser lever encore 30 minutes à température ambiante. Déposer sur une plaque recouverte de papier sulfurisé, badigeonner d'eau et couper en tranches si nécessaire. Cuire dans un four préchauffé à 220°C pendant 10 minutes, puis cuire à 180°C en 45 minutes; Ouvrir légèrement la porte du four après 35 minutes.

10. Pain de maïs mexicain

Ingrédients
- 2 piments rouges
- 6ème jalapeños (verre)
- 50g de beurre
- 200 g de farine de blé entier
- 1 sachet de levure chimique
- sel
- 325 g de gruau de maïs
- 500 ml de babeurre
- 50 g de miel liquide
- 2 oeufs

- 1 cuillère à soupe d'huile de colza

Étapes de préparation
1. Couper les piments en deux dans le sens de la longueur, retirer le cœur, laver et hacher.
2. Hacher finement les jalapeños. Faites fondre le beurre et laissez-le refroidir un peu.
3. Tamisez la farine, la levure et 1 cuillère à café de sel dans un bol et mélangez avec le gruau de maïs.
4. Mélanger le babeurre, le miel, les œufs et le beurre fondu.
5. Ajouter à la farine avec les piments et les jalapeños et mélanger le tout dans une pâte lisse.
6. Badigeonner d'huile un moule à cake de 30 cm de long et y verser la pâte. Cuire au four préchauffé sur la 2ème grille en partant du bas sur une grille à 180°C pendant 35-40 minutes.
7. Laissez refroidir le pain de maïs dans le moule pendant 10 minutes, puis retournez-le sur une grille et laissez-le refroidir complètement. Le pain de maïs a un goût

simplement enrobé de beurre, mais il accompagne également bien les piments et les ragoûts.

11. Bâtonnets de pain aux tomates

Ingrédients
- 250 g de farine de blé entier
- 250 g de farine d'épeautre complète
- 1 ½ sachet de levure sèche
- 1 cuillère à café de sucre de canne entier
- 1 cuillère à café de sel
- 100 g de tomates séchées (converties dans l'huile)
- 100 ml de jus de tomate
- 5 tiges de thym

Étapes de préparation
1. Mélanger les deux types de farine, la levure, le sucre et le sel dans un bol à mélanger.
2. Égoutter les tomates en recueillant 1 cuillère à soupe d'huile. Couper les tomates en dés.
3. Faites chauffer le jus de tomate et 250 ml d'eau dans une casserole tiède.
4. Ajouter l'eau de tomate et l'huile de tomate récupérée à la farine et pétrir avec le crochet pétrisseur du batteur à main jusqu'à ce que la pâte bouillonne.
5. Couvrir et laisser lever dans un endroit tiède pendant environ 30 minutes.
6. Lavez le thym, essorez-le et arrachez les feuilles.
7. Pétrir les cubes de tomates et les feuilles de thym dans la pâte. Façonner la pâte en 2 gressins courts.
8. Déposer sur une plaque recouverte de papier sulfurisé, marquer avec un couteau et laisser lever encore 10 minutes. Cuire au four préchauffé à 200°C pendant 25-30 minutes.

12. Bâtonnets de pain à l'ail

Ingrédients
- 1 cube de levure (42 g)
- 150 ml d'huile d'olive
- 2 cuillères à café de mer fine sel
- 1 cuillère à soupe de miel
- 700 g de farine d'épeautre type 1050
- 300 g de farine d'épeautre complète
- 4 gousses d'ail frais
- 1 branche de romarin
- 60 g d'Emmental râpé

Étapes de préparation

1. Préparez tous les ingrédients et laissez-les atteindre la température ambiante.
2. Émietter la levure dans un bol et ajouter env. 650 ml d'eau tiède. Mélanger avec 80 ml d'huile, du sel et du miel jusqu'à dissolution complète de la levure. Versez la farine dans un bol et faites un creux au milieu. Verser le mélange de levure et pétrir le tout du centre jusqu'à une pâte ferme. Placer la pâte sur le plan de travail fariné et pétrir jusqu'à ce que la pâte soit lisse et souple. Travaillez éventuellement dans un peu plus de farine pour que la pâte ne colle plus. Mettre dans un bol et couvrir dans un endroit chaud et laisser lever environ 45 minutes.
3. Épluchez l'ail et coupez-le en fines lamelles. Lavez le romarin, secouez-le pour le sécher, épluchez-le et hachez-le finement. Mélanger avec l'ail et 4 cuillères à soupe d'huile d'olive.
4. Bien pétrir à nouveau la pâte sur un plan de travail fariné et la couper en quatre. Façonnez chaque quartier en un long brin et

appuyez doucement à plat. Badigeonner d'huile d'ail et torsader en une tresse en commençant par le milieu. Bien presser les extrémités ensemble et placer le pain sur une plaque à pâtisserie recouverte de papier sulfurisé. Badigeonner avec le reste d'huile et saupoudrer de fromage et cuire au four préchauffé à 220°C pendant environ 20 minutes jusqu'à coloration dorée.

13. Focaccia de pommes de terre aux courgettes

Ingrédients
- 200 g de pommes de terre cireuses (2 pommes de terre cireuses)
- ½ cube de levure
- 1 cuillère à café de miel
- sel
- 6 cuillères à soupe d'huile d'olive
- 105 g de farine d'épeautre complète
- 200 g de farine d'épeautre (type 630)
- ½ courgette
- 1 échalote

- 1 ½ cuillère à café de mer grossière sel
- 1 pincée de poudre de chili
- 1 pincée de poivre
- 30 g de câpres (3 cuillères à soupe)

Étapes de préparation

1. Couvrir et cuire les pommes de terre dans l'eau bouillante à feu doux pendant 30 minutes jusqu'à ce qu'elles soient tendres. Égoutter, laisser refroidir 5 minutes, éplucher et hacher au pilon.
2. Fouetter la levure avec le miel, un peu de sel, 2 cuillères à soupe d'huile et 120 ml d'eau tiède, ajouter à la purée de pommes de terre et mélanger jusqu'à obtenir une masse homogène, puis incorporer 300 g de farine. Laisser lever dans un endroit tiède pendant au moins 60 minutes.
3. Pétrir la pâte sur un plan de travail fariné et couper en deux. Étalez les deux boules de pâte en galettes de focaccia, placez-les sur une plaque à pâtisserie recouverte de papier sulfurisé et laissez lever à nouveau 30 minutes.
4. Pendant ce temps, nettoyez et lavez les courgettes, épluchez l'échalote, coupez les deux en rondelles et mélangez avec le sel de

mer, le piment, le poivre et 2 cuillères à soupe d'huile. Presser avec les doigts dans les puits de focaccia et y répartir le mélange de légumes, couvrir de câpres et arroser avec le reste d'huile.
5. Cuire la focaccia dans un four préchauffé à 180°C pendant environ 25 minutes jusqu'à ce qu'elle soit dorée.

14. Focaccia grillée

Ingrédients

- ½ cube de levure
- 1 cc de sirop d'agave
- 500 g de farine de blé entier
- 1 cuillère à café de sel
- 1 gousse d'ail
- 2 branches de romarin
- 2 cuillères à soupe d'huile d'olive

Étapes de préparation

1. Émietter la levure dans un petit bol et verser le sirop d'agave dessus. Laisser reposer environ 10 minutes, jusqu'à ce que la

levure soit dissoute et commence à bouillonner.
2. Mettez la farine et le sel dans un bol. Ajouter la levure et 300 ml d'eau tiède et travailler en une pâte lisse. Ajouter un peu plus d'eau si nécessaire. Couvrir la pâte et la laisser reposer environ 2 heures.
3. Pendant ce temps, appuyez sur la gousse d'ail. Retirez les aiguilles de romarin des branches. Faites chauffer l'huile d'olive dans une poêle, laissez infuser l'ail et le romarin 10 minutes à feu doux.
4. Divisez la pâte en quatre portions à peu près égales et façonnez des gâteaux de pâte ovales avec vos mains sur un plan de travail légèrement fariné. Badigeonner la pâte d'huile de romarin et faire griller sur le gril avec le couvercle fermé pendant 3 à 4 minutes.

15. Pain d'épeautre rapide

Ingrédients
- 1 cube de levure
- 1 cuillère à café de sel
- 4 cuillères à soupe de vinaigre de cidre de pomme
- 500 g de farine d'épeautre complète
- 150 g d'amandes, de noix ou de graines au goût (par exemple, noix, noisettes et graines de citrouille)
- 1 cuillère à café de beurre (5 g)

Étapes de préparation
1. Dissoudre la levure dans 500 ml d'eau tiède. Ajouter le sel et le vinaigre et remuer

jusqu'à ce que tous les ingrédients soient dissous.
2. Mettez la farine dans un bol et mélangez-y 130 g de graines. Versez l'eau de levure et mélangez le tout avec le crochet pétrisseur du robot culinaire ou le batteur électrique à main pour former une pâte lisse. La pâte est collante et relativement humide.
3. Beurrez un moule à cake (30 cm de long) avec le beurre et versez-y la pâte. Couvrir d'un torchon humide et laisser lever dans un endroit chaud et à l'abri des courants d'air pendant environ 20 minutes.
4. Pendant ce temps, préchauffer le four à 200°C (chaleur tournante).
5. Lorsque la surface de la pâte commence à se courber vers le haut, saupoudrer les graines restantes sur le pain et cuire au four préchauffé pendant environ 1 heure. Vous pouvez utiliser le test de frappe pour savoir si le pain est cuit : Tapez simplement le pain avec vos jointures : Si cela sonne creux, le pain est cuit.

6. A la fin de la cuisson, sortez le pain du four et laissez-le refroidir un peu. Démoulez ensuite et laissez refroidir complètement.

16. Pain à pizza épicé

Ingrédients
- 1/4 l de lait
- 1 pc oeuf(s)
- 500 g de farine (lisse)
- 1 cuillère à café de sucre
- 1 cuillère à café de sel
- 1 sachet de Knorr Basis (pasta asciutta)
- 30 g de germe
- 100 g de salami (entier)
- 100 g de fromage de montagne (entier)

- 1 oignon (taille moyenne)
- 1 piment (gros)
- 1 cuillère à soupe d'huile de maïs (Mazola)

préparation

1. Mettez le lait, l'œuf, la farine, le sucre, le sel et la base Knorr pour pâtes asciutta dans un bol et émiettez la levure dessus. Pétrir les ingrédients avec le batteur à main jusqu'à ce que la pâte se sépare du bord du bol. Couper le salami et le fromage de montagne en cubes de 1/2 cm. Pelez l'oignon, coupez-le en petits morceaux avec le paprika et pétrissez-le dans la pâte avec le salami et le fromage de montagne. Laisser lever la pâte environ 30 minutes. Façonnez un réveil, tapissez une plaque de cuisson vapeur mixte de papier sulfurisé et placez le réveil de fête dessus.

Pour le four :

2. Placer le party wake sur une plaque à pâtisserie Perfect Clean et mettre au four préchauffé à 200°C, badigeonner d'eau et cuire au four environ 40 minutes.

17. Pain aux graines de citrouille

Ingrédients
- 800 g de farine de blé
- 800 g de farine de seigle
- 40 g de levure fraîche (ou 1 sachet de levure sèche)
- 100 g de graines de citrouille naturelles Steirerkraft
- 1,5 l d'eau (tiède)
- 2 cuillères à café de sel **préparation**
1. Pour le pain aux graines de courge, faites griller brièvement les graines de courge naturelles dans une poêle sans matière

grasse. Mélanger tous les ingrédients ensemble et pétrir avec de l'eau tiède pour former une pâte mi-ferme. Laisser lever 30 minutes à température ambiante.
2. Préchauffer le four à 220°C.
3. Pétrir la pâte et la façonner en un pain ou un rouleau. Déposer sur une plaque recouverte de papier cuisson et laisser lever à nouveau. La pâte doit lever d'un tiers. Cuire au four à 220°C pendant environ 1 heure. Laissez ensuite refroidir le pain aux graines de citrouille sur une grille.
4. Le pain aux graines de citrouille est délicieux avec des noix fraîches ou simplement tartiné de beurre ou de saindoux.

18. Pain à la patate douce

Ingrédients
- 2 échalotes
- 250g de patates douces
- 1 cuillère à soupe d'huile végétale
- 1/2 cuillère à café de graines de fenouil
- 1/2 cuillère à café de graines de coriandre
- 1/2 cuillère à café dix
- 2 cuillères à café de sel de mer (gros)
- 10 g de levure (fraîche)
- 150 ml d'eau (tiède)
- 100g de levain
- 200 g de farine de blé
- 150 g de farine de seigle
- 150 g de farine de blé entier

préparation
1. Pour le pain à la patate douce, épluchez d'abord et hachez finement les échalotes. Eplucher et râper la patate douce.
2. Faire chauffer de l'huile dans une poêle et y faire revenir les échalotes sans coloration. Ajouter la patate douce râpée et faire revenir brièvement.
3. Faites griller les épices dans une poêle sans matière grasse jusqu'à ce qu'elles sentent bon. Cela libère les huiles essentielles et le goût devient plus intense. Puis râper finement dans un mortier.
4. Dissoudre la levure dans l'eau. Pétrir le levain, les patates douces, les trois types de farine et les épices avec le crochet pétrisseur du batteur jusqu'à l'obtention d'une pâte lisse qui se détache du bord du bol. Retirer et pétrir brièvement à la main. Couvrir et laisser lever environ deux heures.
5. Pétrir à nouveau et laisser reposer à couvert encore un quart d'heure. Pendant ce temps, tapisser une plaque à pâtisserie de papier

parchemin. Couper la pâte à pain en deux et façonner des pains. Placer sur la plaque à pâtisserie avec suffisamment d'espace, couvrir et laisser lever encore une heure.

6. Peu avant la fin du temps de marche, préchauffer le four à 220°C chaleur voûte/sole. Marquez le dessus du pain à quelques reprises et enfournez pour un quart d'heure. Remettez ensuite la température à 180°C et enfournez le pain de patate douce pendant une demi-heure.

19. Pain d'épices

Ingrédients

- 500g de farine
- 40 g de germe
- 125 ml de lait (tiède)
- 1 pincée de sucre
- 2 oignons (pelés, hachés finement)
- 1 gousse d'ail (pelée, écrasée)
- 50 g de beurre (liquide)
- 2 oeufs
- 1 pincée de sel

- 1 pincée de muscade (râpée)
- 1 cuillère à café d'anis
- 1/2 cuillère à café de fenouil
- 2 cuillères à soupe d'aneth (séché)
- 1 cuillère à café de romarin (séché)
- Anis (pour saupoudrer)

préparation

1. Pour le pain épicé, tamisez d'abord la farine dans un bol, faites un puits et mélangez avec la levure, le lait et le sucre pour former une pâte épaisse. Couvrir et laisser lever 15 minutes.
2. Pétrir avec le reste des ingrédients, couvrir et laisser lever 30 minutes. Mettre la pâte dans un moule beurré, badigeonner d'eau et saupoudrer d'anis.
3. Cuire le pain assaisonné dans un four préchauffé à 190°C pendant 40 minutes. Mettre une casserole d'eau au fond du four.

20. Pain mixte

Ingrédients

- 500 g de farine de blé
- 500 g de farine de seigle
- 1 cuillère à café de sel
- 750 ml d'eau
- 40 g de germe
- 1 cuillère à café de sucre semoule fin

préparation

1. Préparez une pâte pour le pain mélangé à partir des ingrédients et laissez-la lever

dans un endroit chaud. Ajouter un peu de farine et pétrir à nouveau et laisser lever. Répétez ce processus deux fois de plus.
2. Cuire au four préchauffé à 180-200 ° C pendant environ 1 à 1 1/2 heures. Pendant ce temps, il est préférable de mettre une tasse d'eau dans le tuyau. Le pain est prêt dès qu'il sonne creux lorsque vous frappez dessus.

PAINS GRILLÉS

21. Pain sur une brochette

Ingrédients
- 500 g de farine (lisse)
- 250 g de lait (température ambiante)
- 125 g de beurre (température ambiante)
- 30 g de germe
- 1/2 cuillère à café de sel
- 1 pincée de sucre
- huile d'olive ☐ Divers:

- brochettes en bois épais
- éventuellement équilibre à lier **préparation**
1. Pour le pain sur une brochette, utilisez la moitié du lait, la levure émiettée et un peu de farine pour préparer un cuiseur vapeur. Dissoudre le beurre dans le reste du lait. Dès que la vapeur montre des fissures, pétrir avec le reste des ingrédients de la pâte pour former une pâte lisse. Couvrir la pâte d'un torchon et laisser lever dans un endroit tiède pendant 40 minutes.
2. Façonner la pâte en un rouleau. Coupez les tranches et roulez-les en bâtonnets avec vos mains. Enroulez les bâtonnets de pâte en spirale autour des brochettes en bois, appuyez fermement sur les extrémités ou attachez-les avec des fentes. Laisser lever encore 15 minutes. Badigeonner d'huile d'olive et cuire sur le gril chaud pendant environ 10 minutes, jusqu'à ce que le pain sur la brochette ait pris une belle couleur jaune doré.

22. pain à l'ail

Ingrédients
- 1 baguette
- 8 gousses d'ail
- 1/2 bouquet de persil
- 8 cuillères à soupe d'huile d'olive

préparation
1. Trancher la baguette en diagonale.
2. Eplucher et hacher finement les gousses d'ail. Retirez les feuilles de persil des tiges et hachez-les également finement.

3. Mélanger l'huile d'olive avec l'ail et le persil dans un bol. Salez un peu.
4. Placer les tranches de baguette sur une plaque à pâtisserie et verser 1 cuillère à café d'huile d'ail et de persil sur chaque tranche.
5. Faites griller le pain à l'ail au four préchauffé à 200°C jusqu'à ce que le pain soit croustillant.

23. Pain grillé grillé

Ingrédients
- 300 g de restes de rôti
- 3 morceaux de gousses d'ail
- 1 morceau d'oignon
- 1 cuillère à soupe de persil (haché)
- 1 cuillère à soupe de raifort (râpé)
- 250 g de fromage blanc allégé
- 1 jaune d'oeuf
- sel

- poivre
- 4 tranches de pain noir **préparation**

1. Pour le pain grillé grillé, coupez le reste du rôti, l'ail et l'oignon en petits cubes.
2. Faire revenir l'ail et l'oignon dans une poêle chaude avec un peu d'huile, ajouter le persil et les restes et faire revenir encore 3 minutes.
3. Retirez le mélange de rôti de la poêle et laissez-le refroidir. Mélanger la masse rôtie avec le fromage blanc, le raifort et le jaune d'œuf dans un bol et assaisonner de sel et de poivre.
4. Badigeonner les tranches de pain noir avec le mélange et les griller indirectement à env. 230°C pendant env. 6 à 8 minutes, jusqu'à ce que la surface du pain grillé grillé soit dorée.

24. Pain sur un bâton

Ingrédients

- 400 g de farine de blé entier
- 300 ml de lait (tiède)
- 1 paquet de levure sèche
- 1 cuillère à soupe de miel
- 1 cuillère à café de sel
- 2 cuillères à soupe de romarin

préparation

1. Pour le pain sur bâtonnet, mélanger d'abord le germe sec et le miel dans le lait tiède et

laisser gonfler env. 5 minutes (remuez encore et encore).

2. Pendant ce temps, peser la farine et ajouter le sel. Pétrir ensuite la farine, le mélange de lait et le romarin frais finement haché avec un mixeur ou un robot culinaire et laisser lever dans un environnement tiède pendant environ 1 heure.

3. Préparez des piquets appropriés. Par exemple, si vous prenez des bâtons dans des buissons, retirez-les à une extrémité avec un couteau à découper et nettoyez-les au préalable.

4. Rouler la pâte à pain en longs boudins individuels et les enrouler autour des bâtonnets en spirale. Ensuite, maintenez-les sur les braises du campire et retournez-les encore et encore jusqu'à ce qu'ils soient brunâtres et ne soient plus mous.

25. Pain aux herbes au four

Ingrédients *Pour*
le pain

- 1 cube de levure fraîche
- 300 g de farine
- 50 g de semoule de blé dur
- 1 cuillère à café de sucre
- 1 cuillère à café de sel
- 6 l'huile d'olive
- Farine pour le plan de travail
- Semoule pour le plan de travail
- Pour le beurre aux herbes
- 2 poignées d'herbes B. basilic, persil, cerfeuil
- 2 gousses d'ail

- 1 l'huile d'olive
- 150 g de beurre mou
- sel
- poivre du moulin
- 1 cuillère à café de zeste de citron non traité
- 1 du jus de citron

Étapes de préparation

1. Mélanger la levure avec de l'eau tiède. Mélanger la farine avec la semoule, le sucre et le sel dans un bol. Ajouter la levure dissoute avec 4 cuillères à soupe d'huile d'olive et pétrir le tout en une pâte lisse à l'aide du crochet pétrisseur du batteur électrique à main. Variez la quantité de farine selon vos besoins. Couvrir et laisser lever dans un endroit tiède pendant environ 1 heure.

2. Bien pétrir à nouveau la pâte et former un long boudin (50 cm environ) sur un plan de travail saupoudré de farine et de semoule. Placer en cercle sur une plaque recouverte de papier sulfurisé, bien presser les extrémités ensemble. Couvrir d'un linge et laisser reposer encore 30 minutes.

3. Préchauffer le four à 200°C four ventilé.

4. Badigeonner l'anneau de pain avec le reste d'huile et cuire au four pendant environ 40 minutes jusqu'à ce qu'il soit doré.
5. Retirer de la plaque de cuisson et laisser refroidir sur une grille.
6. Pour le beurre aux herbes, rincez les herbes, secouez pour sécher, arrachez les feuilles et mettez-les dans un mixeur. Peler et ajouter l'ail. Mixez avec l'huile. Incorporer le mélange au beurre ramolli et assaisonner de sel, poivre, zeste et jus de citron.
7. Coupez le pain tous les 2 cm, mais ne coupez pas tout le long. Placer sur du papier sulfurisé et placer une feuille d'aluminium en dessous. Répartir le beurre aux herbes dans les incisions et cuire à nouveau le pain au four pendant 10-15.
8. Sortez, laissez refroidir brièvement et servez chaud.

26. Pain blanc fourré

Ingrédients
- 250g de farine de blé
- 2 cuillères à café de sucre de canne entier
- 100 ml de lait tiède (3,5% de matière grasse)
- 1 sachet de levure sèche
- 100 g de pomme de terre en veste
- 2 cuillères à soupe de beurre liquide
- 200 g de farine de blé type 1050
- 2 cuillères à café de sel
- 1 poignée de ciboulette (10 g)
- 6 tranches de gouda moyen age

Étapes de préparation

1. Mélanger 100 g de farine de blé avec le sucre de canne entier, 100 ml d'eau tiède, le lait et la levure dans un bol et couvrir et laisser lever dans un endroit tiède pendant 30 minutes.
2. Pendant ce temps, épluchez les pommes de terre et passez-les au presse-purée. Pétrir la pâte de démarrage avec les pommes de terre, le beurre, le reste de farine, la farine de blé type 1050 et le sel. Former une boule et déposer sur une plaque allant au four. Couvrir et laisser lever environ 1 heure, jusqu'à ce que la pâte ait doublé de volume.
3. Cuire le pain blanc dans un four préchauffé à 200°C pendant 30-40 minutes jusqu'à ce qu'il soit doré. Pendant ce temps, lavez la ciboulette, secouez-la pour la sécher et coupez-la en rouleaux. Couper le fromage en petits morceaux.
4. Laissez refroidir le pain. Coupez profondément en forme de treillis lorsqu'il a

refroidi. Garnir les tranches de ciboulette et de fromage, servir aussitôt.

27. Pain aux noix

Ingrédients
- 500 g de farine de blé entier
- 1 sachet de levure sèche
- 10 g de sucre de canne complet (1 cuillère à café)
- 2 brins de romarin
- 150 g de cerneaux de noix
- mon chéri
- 1 cuillère à café de sel
- poivre

- 50 ml de lait (1,5% de matière grasse)
- 50 ml d'huile d'olive

Étapes de préparation

1. Mélanger la farine, la levure et le sucre dans un saladier.
2. Incorporer 250 ml d'eau tiède avec le crochet pétrisseur du batteur à main jusqu'à formation d'une pâte uniforme. Couvrir et laisser lever dans un endroit tiède pendant environ 30 minutes.
3. Pendant ce temps, rincez le romarin, essorezle, arrachez les aiguilles et hachez-le.
4. Faire griller brièvement les noix dans une poêle antiadhésive. Mélanger le miel et le romarin et chauffer. Salez et poivrez et placez dans une assiette.
5. Faites chauffer le lait tiède, puis incorporezle à la pâte avec l'huile. Pétrir le mélange noix-miel jusqu'à ce que tout soit collé et que la pâte soit brillante et lisse.
6. Façonnez la pâte en une longue miche de pain et placez-la sur une plaque à pâtisserie

recouverte de papier sulfurisé. Couvrir et laisser lever dans un endroit tiède pendant environ 20 minutes. Cuire au four préchauffé à 220°C sur la grille du milieu pendant env. 40 min.

28. Contre-filet avec pain à l'ail

Ingrédients
- 500 g de contre-filet (ici : de Scotch Beef & Scotch Lamb)
- Chimichurri
- ½ baguette
- huile d'olive, ail, sel et poivre
- un peu de salade fraîche

Préparation
1. Sortez le steak du réfrigérateur environ une heure avant de le griller afin qu'il puisse atteindre la température ambiante. La couverture grasse est coupée et la viande est frottée des deux côtés avec du gros sel marin.

Grillage
2. Le gril est préparé pour une cuisson directe à feu vif et le steak est grillé selon la méthode bien connue 90/90/90/90. À cette fin, la zone de grésillement du LE3 a été utilisée et la viande a ensuite été tirée dans le gril à un peu moins de 150 ° C jusqu'à une température à cœur d'env. 54°C. Pendant ce temps, l'huile d'olive est mélangée avec un peu de sel, de poivre et deux gousses d'ail pressées et étalée sur la baguette coupée. Le pain est maintenant brièvement grillé au grill puis réparti sur la salade. Ajoutez-y du chimichurri. Le steak était très juteux et avait un bon goût. Le sel et le poivre

soutiennent parfaitement le goût sensationnel de la viande.

29. Focaccia à faible teneur en glucides

Ingrédients
- 50g de graines de tournesol
- 50g de sésame
- 200 g de farine d'amande
- 30g de graines de lin
- 5 œufs (taille m)
- 200 g de fromage à la crème en grains
- 1 cuillère à soupe de levure chimique
- 1 cuillère à café de sel
- 4 cuillères à soupe d'huile d'olive
- 100 g d'olives noires (dénoyautées)

- 100g
- tomates (fraîches ou séchées)
- 2 cuillères à soupe d'herbes italiennes **Étapes de préparation**

1. Mettre les graines de tournesol avec les graines de sésame dans un mixeur et réduire en farine fine. Ensuite, mettre dans un bol avec la farine d'amande et les graines de lin.
2. Battre les œufs et mélanger avec le fouet d'un batteur à main. Mélanger le fromage à la crème granuleux avec un mélangeur (à bâton) jusqu'à obtenir une masse lisse et ajouter au mélange d'œufs avec la levure chimique, le sel et l'huile d'olive. Mélangez le tout soigneusement.
3. Ajouter le mélange d'œufs au mélange de farine et incorporer jusqu'à ce qu'une pâte à focaccia à faible teneur en glucides soit formée. Laisser reposer dans le bol environ 5 minutes.
4. Placer la pâte sur une plaque à pâtisserie recouverte de papier sulfurisé ou remplir un moule à cake. Pressez les fossettes typiques

dans la focaccia à faible teneur en glucides avec votre doigt et faites cuire pendant 15 minutes dans un four préchauffé à 180 ° C.
5. Pendant ce temps, coupez les olives et les tomates en deux selon vos envies. Si vous utilisez des tomates séchées, coupez-les en gros morceaux.
6. Sortez brièvement la focaccia à faible teneur en glucides du four, couvrez d'olives et de tomates, pressez délicatement et saupoudrez d'herbes italiennes. Cuire au four jusqu'à ce qu'il soit doré pendant encore 5 à 10 minutes. Laissez refroidir la focaccia à faible teneur en glucides et servez avec un peu d'huile d'olive et du sel.

30. Griller du pain plat

Ingrédients

- 500g de farine
- un peu de sel (environ 1/2 cuillère à café)
- 2 cuillère(s) à soupe d'épice(s) au choix
- 1 pc. Levure sèche
- 250 ml d'eau tiède **préparation**

1. Mélanger tous les ingrédients secs. Verser de l'eau tiède dessus et mélanger avec un crochet pétrisseur pour former une pâte lisse. Couvrir et laisser lever la pâte pendant 60 minutes.

2. Ensuite, façonnez environ 7 à 8 pains plats et placez-les sur le gril. Environ 5 minutes de chaque côté. Attention à ne pas brûler. Lorsque le gril est très chaud, mettez-le de côté. Ou retournez-le plus souvent. Casser éventuellement 1 pain plat pour voir si le pain plat est prêt.

3. Servir ensuite chaud. C'est bon, mais aussi avec du beurre à l'ail. Si vous le souhaitez, vous pouvez ajouter 1 gousse d'ail pressée à la pâte. Aussi délicieux avec des herbes fraîches comme le romarin ou le thym.

31. Pain grillé épicé

Ingrédients

- 500g de farine
- 350 ml d'eau
- 40g de levure
- 1 orteil / n ail
- Oignon(s) (oignons frits)
- 200 g de fromage coupé en dés
- 200 g de salami coupé en dés

- 1 cuillère à café de sucre
- 1 base(s) de sel
- Graines de carvi, entières ou moulues
- Origan

préparation

1. Mélanger l'eau, la levure et les épices jusqu'à ce que la levure soit dissoute. Mélanger la farine, le fromage et le salami et mélanger avec le liquide. Laisser reposer la pâte pendant 1 heure. Beurrez un moule à charnière et enfournez le pain à 180°C pendant environ 45 minutes.

32. Baguette aux herbes

Ingrédients

- 1 baguette
- 1/2 bouquet de basilic
- 1/2 botte de ciboulette
- 1/2 bouquet de persil
- 1/2 botte d'origan
- 1 cuillère à café de sel

- 100g de beurre

préparation

1. Pour la baguette aux herbes, coupez d'abord les herbes en petits morceaux. Mélanger le beurre mou avec le sel et les herbes.

2. Couper la baguette en biais et étaler le beurre aux herbes dans les interstices.

3. Enveloppez la baguette aux herbes dans du papier aluminium et faites-la griller sur le gril pendant environ 10 minutes.

33. Pain épicé sur le gril

Ingrédients

- 1 pain entier
- 100 gr de beurre
- 2 brins de thym frais
- 2 brins de basilic frais
- bouquet de persil

- Huile d'olive
- Le sel
- Poivre noir
- poivron rouge
- 250 gr de cheddar râpé

Préparation

1. Mélanger le beurre, le thym finement haché, le basilic, le persil, le sel et les épices dans un bol profond. Trancher le pain pour qu'il ne se casse pas. Étaler du beurre entre chaque tranche et saupoudrer de cheddar.

2. Étaler le papier d'aluminium sur le comptoir. Étaler du papier sulfurisé et placer le pain. Survolez un peu d'huile d'olive. Enroulez doucement le papier autour du bord. Rôtir 15 minutes au barbecue surchauffé. Servir chaud.

34. Sandwich au cochon de lait

Ingrédients pour

- cochon de lait (précuit),
- pain,
- mâche,
- oignons,
- concombres,
- tomates,

- Sauce barbecue

Préparation
1. Le cochon de lait congelé est décongelé lentement au réfrigérateur la veille de la cuisson. La mâche, le concombre et les tomates sont lavés et préparés pour la garniture du sandwich. L'oignon est coupé en rondelles.

Grillage

1. Le grill (ou four) est d'abord chauffé à 120°C en chaleur indirecte. La viande est placée sur un plat ignifuge rempli d'eau avec un insert pour que la graisse s'égoutte dans l'eau. La viande est ainsi frite pendant environ 60 minutes. Pour donner à la croûte une finition parfaite, la température est augmentée à env. 200°C après 60 minutes. Il est maintenant important que vous obteniez suffisamment de chaleur de dessus pour la croûte. Si nécessaire, vous pouvez également placer la viande avec la croûte vers le bas directement sur le feu. Après environ 15 minutes, la croûte devrait être prête. Mais ici s'il vous plaît, agissez selon vos sentiments pour que la croûte ne brûle pas -

ce serait dommage ! Les tranches de pain sont brièvement grillées des deux côtés à feu direct.

35. Salade de pain croustillant et fromage

Ingrédients
- 120 g de pain de seigle complet (3 tranches)
- 30 g de raisins secs
- 4 cuillères à soupe de vinaigre de fruits
- sel
- poivre

- 4 cuillères à soupe d'huile de carthame
- 300 g de pommes (par exemple, elstar, 2 pommes)
- 1 ½ botte de radis
- 100 g tranché fromage (par exemple, leerdammer, 17% de matière grasse absolue)
- 1 bouquet de persil plat

Étapes de préparation

1. Couper le pain en cubes de 1 cm et les faire rôtir dans une poêle non huilée à feu moyen pendant environ 4 minutes jusqu'à ce qu'ils soient croustillants. Mettre sur une assiette et laisser refroidir.
2. Pendant ce temps, rincez les raisins secs à l'eau chaude et égouttez-les. Mélangez du vinaigre de fruits avec un peu de sel, de poivre et d'huile de carthame pour faire une vinaigrette.
3. Lavez les pommes, coupez chaque pomme des 4 côtés vers le centre en tranches d'environ 5 mm d'épaisseur, coupez les tranches en cubes. Mélanger les cubes de pomme et les raisins secs avec la vinaigrette.
4. Lavez, égouttez et nettoyez les radis. Mettre les petites feuilles de radis de côté; Couper les radis en quatre.

5. Couper les tranches de fromage en carrés de 2 cm. Lavez le persil, secouez-le pour le sécher et arrachez les feuilles.
6. Mélanger le fromage, le persil et les feuilles de radis, les radis et la vinaigrette aux pommes. Assaisonner au goût avec du sel et du poivre.
7. Mettez la laitue dans un grand récipient de conservation des aliments bien fermé (contenu environ 1,5 l) pour le transport. Mettez les cubes de pain dans un récipient de conservation des aliments plus petit (capacité d'environ 500 m) et saupoudrez-les sur la salade de fromage et de radis avant de servir.

36. Rouleaux de dinde au fromage à la crème

Ingrédients
- 4 tranches de poitrine de dinde
- 5 g de mélange d'assaisonnement pour volaille
- 15 olives noires
- 4 tomates séchées
- 150g de fromage frais
- 1 cuillère à soupe de chapelure
- 1 cuillère à soupe d'herbes de Provence

Préparation
1. Pour cette recette, nous avons besoin de tranches de poitrine de dinde aussi fines que possible. Pour ce faire, les tranches de poitrine de dinde sont travaillées à nouveau avec un batteur, similaire à celui connu de

l'escalope, jusqu'à ce qu'elles soient uniformément fines.

2. La viande finement pilée est saupoudrée du mélange d'épices pour volaille. Ensuite, il s'agit de la garniture, coupez les tomates et les olives en petits morceaux et mélangez-les avec le fromage à la crème. Pour améliorer la consistance de cette masse, de la chapelure est ajoutée.

3. Badigeonner les tranches de dinde avec le mélange de fromages et saupoudrer d'herbes de Provence. La tranche de viande finie doit maintenant être enroulée. Il est important que la tranche de viande soit bien enroulée, sinon elle pourrait s'effondrer sur le gril.

4. Pour que notre rouleau de poitrine de dinde puisse briller non seulement en termes de goût, mais également d'esthétique sur le gril, nous fabriquons une brochette de rouleau à partir du rouleau. Couper le rouleau en morceaux d'env. 3 cm de large et brochette 3-4 pièces à plat.

37. Cevapcici en galette

Ingrédients
- 1 kg de viande hachée (mixte boeuf/agneau ou boeuf/porc)
- 1 gros oignon
- 3 gousses d'ail a
- peu de persil frais
- 1 cuillère à soupe d'huile d'olive
- 1 cuillère à soupe de sel
- 3 cuillères à café de poudre de paprika
- 3 cuillères à café de poivre finement moulu
- Galette
- salade
- ajvar

- piments

Préparation

1. L'oignon est finement râpé (non haché), les gousses d'ail sont pressées, le persil finement ciselé. La viande hachée est bien mélangée avec l'oignon, l'ail, le persil et les autres ingrédients afin que les épices soient uniformément réparties.
2. Maintenant, vous formez des cevapcici d'une épaisseur d'un pouce, d'environ 7 cm de long. L'utilisation du Cevapomaker est appropriée ici, avec laquelle vous pouvez former sept Cevapcici en un seul cours. *Grillage*
   1. Le gril est préparé pour griller directement à feu moyen. Les cevapcici sont placés sur la grille chaude, retournés après 3 à 4 minutes et grillés de l'autre côté. Ensuite, les cevapcici sont retirés du gril et nous préparons les pains plats. Le pain plat est garni de salade et 6 à 7 cevapcici sont placés sur le dessus. Étalez 2 à 3 cuillères à soupe d'entre-deux dessus et placez deux poivrons dessus.

38. Pains au saumon fumé

Ingrédients

Pour la propagation
- 100g de fromage frais
- 1 ½ cuillère à soupe de raifort du bocal
- 1 pincée de bouillon de légumes à grains
- 1 pincée de paprika en poudre
- 50 g de chantilly battue
- sel
- poivre
- 4 tranches de pain de grains entiers

- 4 plus grosses tranches de saumon fumé
- 1 piment rouge
- 2 cuillères à soupe de graines de tournesol
- 1 cuillère à soupe de persil haché

Étapes de préparation

1. Mélanger le cream cheese avec le raifort, le bouillon et le paprika jusqu'à consistance lisse. Incorporer la crème et assaisonner de sel et de poivre.
2. Étaler la tartinade sur le pain et garnir de saumon. Lavez les piments, retirez les graines, coupez-les en rondelles et mélangezles avec les graines de tournesol et le persil.

   Garnir le pain avec et servir aussitôt.

39. Pain gratiné

Ingrédients

- 3 pièces Tomates cocktail
- 8 pièces Câpres (du bocal)
- 70g de mozzarella
- 1 pc. Pain pita
- 80 g de poivrons brunch paprika
- 4 tranche(s) de jambon de Parme
- Poivre (fraîchement moulu) **préparation**

1. Laver les tomates. Couper les tomates, les câpres et la mozzarella en tranches.
2. Étaler le brunch sur du pain. Recouvrir l'un après l'autre de tomates, de câpres et de mozzarella. Faire gratiner env. 5 minutes sous

la grille chaude du four. Garnir de jambon et saupoudrer de poivre.

40. Petits Pains Plats

Ingrédients

- 500 g de farine de blé entier
- 21 g de levure fraîche (0,5 cube)
- 1 cuillère à café de miel
- 1 cuillère à café de sel

- 70 ml d'huile d'olive

- 7 oignons nouveaux

Étapes de préparation

1. Tamiser la farine dans un grand bol en faisant un puits au milieu. Émiettez la levure dans le puits, versez le miel et 4 cuillères à soupe d'eau tiède dessus. Saupoudrer d'un peu de farine du bord et couvrir la pré-pâte dans un endroit chaud et à l'abri des courants d'air pendant environ 10 minutes.

2. Ajoutez du sel, 4 cuillères à soupe d'huile d'olive et environ 200 ml d'eau tiède à la prépâte et utilisez le crochet pétrisseur d'un batteur à main pour former une pâte lisse. Couvrir d'un torchon humide et laisser lever à température ambiante pendant environ 1 heure.

3. Pendant ce temps, lavez et nettoyez les oignons nouveaux et coupez-les en fins rouleaux.

4. Bien pétrir à nouveau la pâte sur un plan de travail fariné avec les rouleaux d'oignons nouveaux et environ 2 cuillères à soupe

d'huile d'olive. Divisez ensuite en 8 morceaux. Étaler en petits pains plats avec un rouleau à pâtisserie et badigeonner avec le reste de l'huile. Griller sur le gril chaud des deux côtés pendant env. 10-15 minutes en tournant.

PAIN POUR LE PETIT DEJEUNER

41. Pain de remise en forme

Ingrédients

- 300 g de farine de seigle complète
- 300 g de farine de blé entier
- 2 cuillères à café de sel
- 2 cuillères à soupe de miel
- 50 g de germe

- 2 cuillères à soupe de bière de colza
- 70 g de graines de courge
- 75 g de cerneaux de noix
- 100 g d'abricots (séchés)
- Lait pour le brossage **préparation**

1. Mélanger les deux types de farine et de sel. Mélanger le miel et la levure avec 1/2 litre d'eau tiède. Ajouter à la farine avec l'huile. Pétrir vigoureusement jusqu'à 10 minutes.

2. Couvrir et laisser lever dans un endroit tiède pendant environ 25 minutes. Hacher grossièrement le potiron, les noix et les abricots, les ajouter à la pâte et pétrir à nouveau. Façonner un pain ou mettre la pâte dans un moule à pain enduit. Badigeonner de lait et couvrir à nouveau pendant 15 minutes.

3. Placer un bol avec de l'eau froide dans le tuyau et cuire le pain à 180°C pendant environ

60 minutes (ne pas préchauffer)

42. Pain au Cacao et à l'Orange

Ingrédients

- 250 ml de lait (1,5% de matière grasse)
- 1 cube de levure (fraîche)
- 3 cuillères à soupe de miel de fleur d'oranger
- 1 orange (bio)
- 300 g de farine d'épeautre
- 80 g de gruau de maïs

- 100 g d'amandes (moulues, grillées)
- 10 g de sel
- 50g de cacao en poudre
- Farine (pour travailler) **préparation**

1. Pour le pain au cacao et à l'orange, faites chauffer le lait à tiède. Émiettez la levure dans la moitié du lait. Dissolvez-les avec le miel dans le lait et laissez reposer jusqu'à l'apparition de bulles.

2. Laver l'orange à l'eau chaude, la sécher, râper finement le zeste et le filet de l'orange en récupérant le jus. Couper les filets en petits morceaux. Ajouter 2 cuillères à soupe de jus d'orange au reste du lait.

3. Mettre la farine d'épeautre, le gruau de maïs, les amandes, le sel, la poudre de cacao, les zestes d'orange et les filets dans un saladier. Enfin, versez le mélange levure-lait. Tout en pétrissant avec le crochet

pétrisseur à basse température avec le robot culinaire, ajoutez progressivement suffisamment de lait restant jusqu'à ce qu'une pâte homogène et aérée se forme.

4. Pétrir la pâte sur le plan de travail fariné pendant environ 5 minutes avec les boules de vos mains, la battre à plusieurs reprises et la retourner jusqu'à ce qu'elle ne soit plus collante et élastique, puis la couvrir dans un bol pendant environ 2 heures jusqu'à ce que son volume ait doublé.

5. Recouvrez une plaque à pâtisserie de papier sulfurisé, placez la pâte dessus en boule avec le dessus de pâte vers le bas et coupez en travers. Couvrir et laisser reposer la pâte environ 1 heure jusqu'à ce que le volume ait doublé.

6. Préchauffer le four à 220°C (convection non adaptée). Badigeonner la surface du pain avec de l'eau et cuire le pain sur la deuxième grille à partir du bas pendant 40-45 minutes. Sortez le pain au cacao et à l'orange fini du four et laissez-le refroidir complètement sur une grille.

43. Pain complet d'épeautre

Ingrédients

- 500 g de farine d'épeautre complète
- 15 g de sel
- 7 g de levure sèche
- 5 g d'épices à pain
- 70g de graines de sésame

- 70 g de graines de tournesol
- 70 g de graines de courge
- 15 g de graines de carvi (entières)
- 500 ml d'eau (tiède)
- Graines (pour saupoudrer)

préparation

1. Mélanger tous les ingrédients secs, pétrir avec de l'eau et couvrir et laisser reposer 30 minutes.

2. Tapisser le moule à cake de papier cuisson et ajouter la pâte.

3. Saupoudrer de graines et cuire le pain au four préchauffé à 190°C pendant environ 75 minutes. Placer une casserole avec de l'eau au fond du four.

44. Pain aux œufs aux herbes avec crème de tomate

Ingrédients
- 2 tranche(s) de pain noir
- 1 oignon de printemps (petit, lavé, coupé en rondelles)
- Cresson (pour saupoudrer)
- 2 cuillères à soupe de beurre (pour la friture)
  Pour la crème de tomates :
- 4 cuillères à soupe de fromage à la crème
- 6 cuillères à soupe de concentré de tomate

- sel
- Poivre (du moulin)

Pour le plat d'œufs aux herbes :

- 4 œufs
- 1 coup d'eau minérale
- 1/2 bouquet de persil (lavé, haché finement)
- 1/2 botte de ciboulette (lavée, coupée en rouleaux)
- 1 poignée de pousses (de votre choix, par exemple des pousses de chou rouge)
- sel
- Poivre (du moulin)
- 1 pincée de muscade (râpée) **préparation**

1. Pour le pain aux œufs aux herbes, battre les œufs avec la crème de tomate, saupoudrer d'eau minérale et bien assaisonner avec du sel, du poivre et de la muscade. Incorporer les herbes.
2. Faire fondre le beurre dans une poêle. Dès que le beurre commence à bouillonner, versez le mélange herbes-œufs dans la poêle et laissez reposer lentement en remuant encore et encore. Dès que le plat d'œufs est ferme au fond mais encore légèrement coulant au

sommet, retirez la casserole du feu et réservez.

3. Pour la crème de tomates, mélangez grossièrement le cream cheese avec 2 cuillères à soupe de concentré de tomates, salez et poivrez. Coupez les tranches de pain en deux au goût et badigeonnez avec 2 cuillères à soupe de concentré de tomate chacune, puis étalez la crème de tomate sur le dessus. « Ramassez » des plats d'œufs aux herbes avec une fourchette et étalez-les sur le pain.

4. Saupoudrer le pain aux œufs aux herbes avec la crème de tomate avec le cresson et la ciboule et servir.

45. Pain kamut à l'avoine et au millet

Ingrédients

Pour 2 pains :

- 30 g de sel
- 40g de levure
- 600 ml d'eau
- 50g de levain
- 850 g de farine de kamut complète (finement moulue)
- 150 g de farine d'avoine entière (moyenne grossièrement moulue)
- 100 g de millet (fraîchement moulu)
- Épices à pain (anis, fenouil, carvi, coriandre - au goût)

préparation

1. Pour le pain kamut, dissoudre le sel et la levure dans l'eau, mélanger avec le levain et le reste des ingrédients pour former une pâte assez molle.
2. Laisser reposer 45 minutes.
3. Divisez en 2 morceaux égaux, arrondissez puis façonnez en perruques.
4. Rouler dans des flocons d'avoine ou du son d'avoine, placer dans des moules à pain.
5. Laisser reposer à nouveau 45 minutes.
6. Préchauffer le four à 250°C, placer un récipient avec de l'eau dessus.
7. Ajouter le pain et retourner à 180°C après 3 minutes.
8. Le Kamutbrot laisse refroidir avant de bien le trancher.

46. Pain fitness à la truite fumée

Ingrédients

- 1 pomme
- 2 morceaux d'avocat
- 1 cuillère à soupe de jus de citron
- 4 cuillères à soupe de crème fraîche
- 2 cuillères à café de raifort
- Sel poivre
- 4 pains de grains entiers (grosses tranches)
- 150 g de filets de truite (fumés)
- 4 cuillères à soupe de pousses de betterave **préparation**

1. Pour le pain fitness à la truite fumée, lavez la pomme, le quartier, le cœur et coupez-la en fines lamelles.
2. Couper l'avocat en deux, le dénoyauter, le peler et le couper en lamelles.
3. Arrosez les tranches de pomme et d'avocat de jus de citron.
4. Mélanger la crème fraîche avec le raifort, saler et poivrer.
5. Étalez 1 cuillère à soupe de crème de raifort sur chaque tranche de pain.
6. Déposez dessus les lamelles d'avocat et de pomme, salez et poivrez.
7. Couper les filets de truite en petits morceaux et les répartir sur le pain.
8. Garnir avec les pousses de betteraves rouges.

47. Oeuf au plat dans du pain croustillant

Ingrédients

- 2 tranches d'un sandwich roulé (épais)
- 4 tranches de bacon
- 2 oeufs **préparation**

1. Préchauffer le four en position grill.
2. Couper des tranches d'environ 3 cm d'épaisseur dans le pain ou la brioche. Découpez un trou d'un diamètre d'env. 5cm.
3. Saisir 2 tranches de bacon à déjeuner qui se chevauchent dans une poêle. Déposer les tranches de pain dessus et les faire frire.

4. Battre un œuf dans chacun des trous et assaisonner au goût. Couvrir et faire frire à feu moyen pendant 5 à 7 minutes, jusqu'à ce que les œufs commencent à épaissir.

5. Maintenant, faites glisser la casserole sans le couvercle sur la barre supérieure du four jusqu'à ce que le pain soit grillé jusqu'à ce qu'il soit doré et que les œufs soient entiers.

6. Retirer, disposer sur des assiettes avec la garniture et servir parsemé de ciboulette.

48. Tramezzini au thon

Ingrédients

- 12 tranche(s) de pain tramezzini (pain blanc moelleux et juteux sans croûte)

- 200 g de thon (viande blanche, marinée à l'huile)

- 1 cuillère à soupe de jus de citron

- 4 cuillères à soupe de mayonnaise

- 1 cuillère à soupe de cognac

- Sel de mer (du moulin)

Poivre (du moulin) **préparation**

1. Mixez le thon avec le jus de citron.

2. Mélanger avec la mayonnaise, assaisonner de sel, poivre et cognac.

3. L'étaler en une couche épaisse sur la moitié du pain et couvrir avec la seconde moitié.

4. Couper chaque pain en diagonale en deux triangles.

49. Pain aux olives

Ingrédients

- 500g de farine
- 1 paquet de levure sèche
- 2 cuillères à café de sel
- 300 ml d'eau (tiède)
- 100 g d'olives Kalamata (dans l'huile ou en saumure)

- Origan (séché)
  poivre

- 2 cuillères à soupe d'huile d'olive

préparation

1. Pétrir une pâte à levure moyenne à partir de farine, de levure sèche, de sel et d'eau tiède et couvrir dans un endroit chaud.

2. Coupez et épépinez les olives.

3. Abaisser la pâte en deux tranches, l'une légèrement plus grosse que l'autre. Placer la plus grosse tranche sur la plaque graissée et farinée. Répartir les olives sur le dessus et assaisonner d'origan et de poivre.

4. Poser la deuxième feuille de brick sur le dessus, bien presser les bords et badigeonner le pain plat d'huile d'olive. Piquer la surface plusieurs fois avec une fourchette, laisser lever 30 minutes.

5. Enfourner dans un four préchauffé à 180°C et cuire environ 30 minutes.

50. Pain aux bananes égayé

Ingrédients
- 1 paquet de fromage à la crème faible en gras
  (227 grammes)
- Une tasse d'une capacité de
- 130 ml contenant du beurre
- Un bol de 3/8 litres contenant du sucre
- 2 oeufs
- Un bol d'une capacité de
- 3/8 litre avec des bananes mûres, en purée
- 1/2 cuillère à café d'extrait de vanille
- Un bol d'une capacité de
- 3/4 litre contenant de la farine tout usage
- 1/2 cuillère à café de bicarbonate de soude
- 1/2 cuillère à café de bicarbonate de soude

- 1/2 cuillère à café de sel
- Un bol d'une capacité de 1/4 de litre avec des pacanes, hachées et fendues

Préparation
1. Dans un grand bol, bien mélanger le cream cheese, le beurre et le sucre.
2. Ajouter les œufs les uns après les autres, qui frappent bien après chaque ajout.
3. Incorporer les bananes et la vanille.
4. Mélanger la farine, la levure chimique, la levure chimique et le sel. Ajouter graduellement au mélange de crème jusqu'à ce qu'il soit humidifié.
5. Incorporez 130 litres de noix de pécan.
6. Déposer sur des moules à pain de 2 cm x 1 cm enduits d'un enduit à cuisson antiadhésif.
7. Parsemer du reste des pacanes.
8. Cuire au four à 170 degrés pendant 55-60 minutes ou jusqu'à ce qu'un cure-dent en ressorte propre près du centre.

51. Pain au micro-ondes

Ingrédients
- 3 cuillères à soupe de fibres de blé
- 2 cuillères à soupe de yaourt nature
- 1 cuillère à soupe de levure chimique (gâteau) ☐ Huile de graissage ☐ Sel au goût.
- 3 cuillères à soupe de flocons d'avoine fine
- 1 oeuf

Méthode de préparation
1. Ajouter dans un bol l'œuf et le yaourt nature et mélanger.
2. Ajouter la fibre de blé, l'avoine et mélanger.
3. Ajouter la levure chimique et le sel et mélanger jusqu'à consistance lisse.

4. Graisser un pot carré allant au micro-ondes avec de l'huile d'olive, ajouter la pâte et faire reposer droit et cuire au micro-ondes pendant 2 minutes.

52. Sandwichs crémeux au concombre

Ingrédients
- 85 g de fromage frais
- 1 concombre moyen
- 1 cuillère à soupe de crème sure
- 1/8 cuillère à café de sel
- 1 pincée de poivre
- 1/8 cuillère à café d'ail en poudre
- Pain à la farine d'amande ou autre pain à faible teneur en glucides

Préparation
1. Râpez le concombre et laissez égoutter l'excès de liquide.

2. Mélanger le fromage à la crème, le concombre et la crème sure jusqu'à consistance lisse. Assaisonner avec du sel, du poivre et de la poudre d'ail.
3. Coupez les tranches de pain à faible teneur en glucides en deux pour les rendre plus fines. Mettez le mélange de concombre sur la tranche inférieure et couvrez-le avec la tranche supérieure. Couper en deux.

53. Pain Protéiné Moelleux Avec Nutri-Plus

Ingrédients
- 90g poudre de protéine neutre Nutri-Plus
- 200g Noix de cajou
- 200g graine de lin
- 500g Yaourt de soja non sucré
- 150 ml de l'eau
- 100g Graines de tournesol
- 1 paquet levure chimique
- 1/2 cuillère à café de sel

Préparation
1. Mettez d'abord les noix de cajou, les graines de lin et la poudre de protéines dans un mélangeur et hachez le tout en une farine grossière.
2. Versez ensuite le yaourt de soja, l'eau, le bicarbonate de soude et le sel dans un bol et ajoutez le mélange de poudre de protéines de cajou.
3. Troisièmement Incorporer le tout dans une pâte lisse et la remplir dans une forme tapissée de papier sulfurisé.
4. Laissez la coquille de la pâte pendant environ 10-15 minutes. Avec le temps, vous pouvez préchauffer le four à 175°C.
5. Cuire le pain environ 60 minutes. Pour vous assurer qu'il est bien cuit, faites le test au bâton.
6. Laisser refroidir, pour un goût délicieux puis laisser goûter.

54. Pain Keto rapide au micro-ondes

Ingrédients
- 3 cuillères à soupe. poudre d'amande
- ½ cuillère à café de poudre de psyllium
- ½ cuillère à café de levure chimique
- Une pincée de sel
- 1 œuf large

Préparation
1. Ajouter les ingrédients secs dans un petit bol, puis le beurre et l'œuf. Bien mélanger.
2. Lubrifiez le micro-ondes, la tasse ou le petit bol et ajoutez la pâte.
3. Mettez le pain au micro-ondes pendant 80100 secondes.
4. Placez délicatement le pain sur une planche à découper et coupez-le en deux.

55. Pain au fromage avec bacon

Ingrédients
- 200g de lardons
- 1/2 tasse de farine d'amande
- 1 cuillère à soupe de levure chimique
- 1/3 tasse de crème sure ☐ gros oeufs
- à soupe de beurre fondu
- 1 tasse de cheddar râpé

Préparation
1. Préchauffer le four à 148 degrés. Huiler la plaque de cuisson. Ensuite, coupez le bacon en cubes et faites-le frire dans une poêle jusqu'à ce qu'il soit croustillant.

2. Battre la farine d'amande et la levure chimique.
3. Battre la crème sure et les œufs.
4. Mélanger les ingrédients humides et secs ensemble.
5. Ajouter le beurre et mélanger, puis ajouter le bacon et le cheddar.
6. Mettez la pâte dans un moule à pain. Garnir le dessus d'un peu de fromage.
7. Cuire au four pendant 45 minutes, puis insérer un cure-dent en bois au centre. Le pain sera prêt lorsque le cure-dent en ressortira propre.
8. Laissez refroidir le pain avant de le trancher, car si vous le coupez à chaud, il risque de s'effondrer. Mieux encore, si vous conservez le pain au réfrigérateur avant de servir.

56. Pain Fromage Flétan Fromage

Ingrédient
- 450-900 g de flétan (environ 6 filets)
- 1 tranche de beurre
- 3 cuillères à soupe de parmesan râpé
- 1 cuillère à soupe de chapelure
- 1 cuillère à café de sel
- ½ cuillère à café de poivre noir
- 2 cuillères à café d'ail en poudre
- 1 cuillère à soupe de persil séché

Préparation
1. Préchauffer le four à 204 degrés. Bien mélanger tous les ingrédients dans un bol sauf le platus.

2. Séchez le filet de poisson avec une serviette en papier et placez chaque partie sur une plaque à pâtisserie avec du papier sulfurisé, huilé.
3. Disposez le mélange de fromage en morceaux de poisson de manière à ce qu'il recouvre sa partie supérieure.
4. Cuire le poisson 10-12 minutes (tourner la poêle au moins une fois).
5. Augmenter le feu de 2 à 3 minutes jusqu'à ce que le dessus soit doré. Vérifiez l'état de préparation avec une fourchette.

57. Sandwich Aubergine Grillée

Ingrédient
- 1 aubergine moyenne (ou 2 petites courgettes)
- 1 à 2 cuillères à soupe de sauce soja à faible teneur en sodium (utilisez de la sauce soja sans blé si vous êtes sensible au gluten)
- 1 cuillère à soupe de vinaigre balsamique
- 8 grosses tranches épaisses de pain complet ou de pain sans gluten
- 1 poivron rouge rôti, tranché
- 1 grosse tête d'ail rôti
- 4 cuillères à café de moutarde de Dijon

(facultatif)
- 4 feuilles de laitue rouge

Préparation
1. Couper l'aubergine en diagonale en tranches de 1/4 pouce (6 mm).
2. Badigeonner les tranches d'aubergine de sauce soja et les faire rôtir sur un gril ou une poêle en fer assaisonnée à feu moyen-vif pendant 2 à 4 minutes de chaque côté jusqu'à ce qu'elles soient tendres et légèrement dorées.
3. Retirez-les de la poêle et saupoudrez de vinaigre. Mettez-les de côté. Faites griller le pain si désiré et étalez 2 à 4 gousses d'ail dans la tranche inférieure, ajoutez une couche d'aubergines grillées, pliez les morceaux mous pour qu'ils tiennent dans la tranche de pain.
4. Garnir de tranches de poivron rouge rôti et de laitue. Étendre de la moutarde sur la tranche de pain supérieure, si désiré, puis terminer le sandwich et servir.

58. Sandwich ouvert concombre et chou frisé

Ingrédient
- 2 tranches de pain de grains entiers, grillées
- 2 à 3 cuillères à soupe de houmous préparé sans tahini ni huile
- 1 oignon vert haché
- $\frac{1}{4}$ tasse de coriandre fraîche hachée
- 2 feuilles de chou frisé moyen, coupées en petits morceaux (environ la taille des feuilles de coriandre)
- $\frac{1}{2}$ petit concombre
- Moutarde de votre choix
- Poivre au citron (les marques Mrs. Dash et Frontier n'ont pas de sel)

Préparation
1. Étaler généreusement le houmous sur du pain grillé. Saupoudrer uniformément l'oignon vert, la coriandre et le chou frisé sur le houmous.
2. Coupez le concombre en 8 cercles et étalez chacun d'une fine couche de moutarde.
3. Placez les tranches de concombre, moutarde vers le bas, sur la couche de coriandre et de chou frisé et appuyez si nécessaire pour qu'elles restent en place.
4. Saupoudrer généreusement le sandwich ouvert de poivre citronné, le couper en deux ou en quatre, si désiré, et servir.

59. Pain Fromage Épinards

Ingrédients
- 225g de farine d'amande
- 2 cuillères à café de levure chimique
- ½ cuillère à café de sel
- 100 g de beurre mou
- 85 g d'épinards frais hachés
- 1 gousse d'ail, hachée finement
- 1 cuillère à soupe de romarin haché
- 2 gros oeufs
- 140 g de cheddar râpé

Préparation
1. Préchauffer le four à 200 degrés.

2. Mettez la poudre d'amande, la levure chimique et le sel dans un grand bol. Bien mélanger, puis ajouter l'huile et mélanger à nouveau.
3. Ajouter le reste des ingrédients (si vous le souhaitez, vous pouvez laisser un peu de cheddar pour le dessus du pain). Bien mélanger.
4. Mettez la pâte dans une poêle en fonte, graissée avec de l'huile, et formez une crêpe d'une épaisseur d'environ 3,5-4 cm.
5. Cuire au four pendant 25-30 minutes; puis laisser refroidir le pain dans la poêle pendant 15 minutes.

60. Tramezzini au jambon et gorgonzola

Ingrédients

- 2 tranche(s) de pain tramezzini (pain moelleux blanc sans croûte)

- 80-100 g de jambon (jambon tranché)

- 50 g de fromage (Gorgonzola)

- 1 pc. Tomate(s)

- un peu de poivre (moulu) **préparation**

1. Garnir la moitié du jambon sur un pain tramezzini. Coupez la tomate en tranches et

placez-la dessus. Râpez le Gorgonzola directement dessus avec une râpe grossière et répartissez-le uniformément. Assaisonner de poivre concassé. Garnir avec le reste de jambon et couvrir avec la deuxième tranche de pain. Couper en diagonale en deux triangles avec un couteau bien aiguisé. Servir immédiatement ou conserver dans un endroit frais enveloppé dans du film alimentaire afin que le pain blanc juteux ne se dessèche pas.

COLLATIONS

61. Pain gratiné

Ingrédients
- 3 pièces Tomates cocktail
- 8 pièces Câpres (du bocal)
- 70g de mozzarella
- 1 pc. Pain pita
- 80 g de piments brunch paprika
- 4 tranche(s) de jambon de Parme
- Poivre (fraîchement moulu)

préparation
1. Laver les tomates. Couper les tomates, les câpres et la mozzarella en tranches.
2. Étaler le brunch sur du pain. Garnir l'un après l'autre de tomates, de câpres et de mozzarella. Faire gratiner env. 5 minutes sous la grille chaude du four. Garnir de jambon et saupoudrer de poivre.

62. Brochettes de pain et fromage

Ingrédients

- 2 tranche(s) de pumpernickel
- 25 g de fromage à la crème écrémé
- 50 g de fromage à pâte mi-dure allégé entier
- 1/4 de concombre
- 1/4 pomme
- 4 morceaux de tomates cocktail
- Sel poivre
- 2 brochettes en bois **préparation**

1. Pour les brochettes de pain et de fromage, couper en deux les tranches de pumpernickel,

enrober les moitiés de tranches de pumpernickel avec 1 cuillère à soupe de cream cheese, placer une autre tranche de pain dessus, enrober à nouveau de cream cheese, mettre la troisième tranche dessus, enrober de cream cheese et terminer par pumpernickel.
2. Couper le bloc de pain en cubes de 2 cm. Coupez également le fromage à pâte mi-dure en cubes légèrement plus petits. Coupez la pomme en trois quartiers.
3. Mettez alternativement des blocs de pumpernickel, des tranches de concombre, des morceaux de pomme, des cubes de fromage et des tomates sur les brochettes en bois. Saupoudrez ensuite les brochettes de pain et de fromage avec un peu de sel et beaucoup de poivre fraîchement moulu.

63. Terrine de pain aux herbes aux groseilles

Ingrédients
- casserole de 500g
- 175 g de fromage à la crème
- 50 g d'herbes (mélangées - origan, thym, basilic)
- sel
- poivre
- 4 feuilles de gélatine
- 200 g de prosciutto
- 100 ml de crème fouettée
- 200 g de groseilles (rouges et jaunes)
- 20 tranche(s) de pain **préparation**
1. Pour la terrine aux herbes et pain, lavez les groseilles, égouttez-les bien et épluchez-les

des tiges. Écorcer les tranches de pain. Pour la crème de terrine, lavez les herbes, essorez-les et hachez-les finement.
2. Le fromage à la crème, le fromage en grains, les herbes et les épices se mélangent bien.
3. Faire tremper la gélatine dans l'eau froide. Pendant ce temps, faire chauffer un peu la chantilly (ne pas faire bouillir !) et y dissoudre la gélatine essorée. Puis incorporer rapidement au mélange de fromage à la crème.
4. Incorporer enfin les groseilles.
5. Pour la terrine aux herbes et pain, tapisser un moule à cake de film alimentaire.
6. Tapisser un moule à cake de film alimentaire. La couche inférieure est remplie de croûtes de pain, puis étalée sur la crème, mettez sur le prosciutto et terminez avec les tranches de pain. Répétez cette séquence plusieurs fois.
7. Laisser refroidir la terrine quelques heures.
8. Quelques temps avant de servir, sortir la terrine d'herbes et de pain à la groseille du réfrigérateur, la démouler et la décorer de groseille et d'herbes fraîches.

64. Pain kamut à l'avoine et au millet
Ingrédients

Pour 2 pains :
- 30 g de sel
- 40g de levure
- 600 ml d'eau
- 50g de levain
- 850 g de farine de kamut complète (finement moulue)
- 150 g de farine d'avoine entière (moyenne grossièrement moulue)
- 100 g de millet (fraîchement moulu)
- Épices à pain (anis, fenouil, carvi, coriandre - au goût)

préparation
1. Pour le pain kamut, dissoudre le sel et la levure dans l'eau, mélanger avec le levain et le reste des ingrédients pour former une pâte assez molle.
2. Laisser reposer 45 minutes.
3. Divisez en 2 morceaux égaux, arrondissez puis façonnez en perruques.
4. Rouler dans des flocons d'avoine ou du son d'avoine, placer dans des moules à pain.
5. Laisser reposer à nouveau 45 minutes.
6. Préchauffer le four à 250°C, placer un récipient avec de l'eau dessus.
7. Ajouter le pain et retourner à 180°C après 3 minutes.
8. Le Kamutbrot laisse refroidir avant de bien le trancher.

65. Sandwich au jambon

Ingrédients
- 4 tranche(s) de pain au levain léger
- 2 cuillères à soupe d'huile d'olive
- 120g de roquette
- 200 g de fromage à la crème de chèvre
- 200 g de jambon (tranché finement)

Pour la confiture de poivrons :
- 2 poivrons (rouge)
- 2 tomates (taille moyenne)
- 2 gousse(s) d'ail
- 1 échalote
- 2 cuillères à soupe de vinaigre de cidre de pomme
- 3 cuillères à soupe de sucre (brun)

- 2 cuillères à soupe de jus de citron (frais)
- sel
- Poivre (noir)
- poivre de Cayenne **préparation**

1. Coupez les tomates en deux, placez une râpe grossière sur un bol vide, frottez les tomates dessus, jetez le bol.
2. Mettez les tomates dans une casserole, faites chauffer à feu moyen. Hacher finement le poivron, éplucher l'échalote et les gousses d'ail, hacher finement. Ajouter les poivrons, les échalotes, l'ail et le reste des ingrédients dans la casserole, porter à ébullition, réduire le feu pour que la confiture mijote doucement. Laisser mijoter 45 minutes, ou jusqu'à consistance sirupeuse.
3. Laisser refroidir et verser dans un pot à confiture. Se marie bien avec les sandwichs, mais aussi avec les grillades et les plats asiatiques.
4. Se conserve fermé au réfrigérateur

66. Bruschette avec garniture aux œufs

Ingrédients

- 2 pc oeufs (à la coque)
- 2 cuillères à soupe de cornichons (hachés)
- 2 cuillères à soupe de concombre (haché)
- 2 cuillères à soupe de crème sure
- sel
- poivre
- 1 cuillère à soupe de persil (finement haché)

préparation

1. Pour la bruschette avec garniture aux œufs, bien mélanger tous les ingrédients et assaisonner. Faire revenir les tranches de pain au four préchauffé à 250°C pendant environ 4 minutes. Badigeonner de garniture aux œufs et servir aussitôt.

67. Tramezzini au thon

Ingrédients

- 12 tranche(s) de pain tramezzini (pain blanc moelleux et juteux sans croûte)

- 200 g de thon (viande blanche, marinée à l'huile)

- 1 cuillère à soupe de jus de citron

- 4 cuillères à soupe de mayonnaise

- 1 cuillère à soupe de cognac

- Sel de mer (du moulin)

- Poivre (du moulin) **préparation**

1. Mixez le thon avec le jus de citron.

2. Mélanger avec la mayonnaise, assaisonner de sel, poivre et cognac.

3. L'étaler en une couche épaisse sur la moitié du pain et couvrir avec la seconde moitié.

4. Couper chaque pain en diagonale en deux triangles.

68. pain aux pommes de terre

Ingrédients

- 1/2 cube de germe
- 1 tasse d'eau (tiède)
- 250 g de farine
- 250 g de flocons de pomme de terre (gros)
- 1 cuillère à soupe de sel
- 2 cuillères à soupe d'huile d'olive (et un peu d'huile d'olive pour graisser le plateau)
- 375 ml d'eau

préparation

1. Pour le pain de pommes de terre, émietter la levure dans une casserole et mélanger avec l'eau tiède. Laisser reposer environ 5 minutes.

2. Mélangez ensuite la farine, les flocons de pomme de terre, le sel, 1 cuillère à soupe d'huile d'olive et l'eau dans la levure mélangée et pétrissez lentement le tout dans le robot culinaire pendant 5 minutes - les ingrédients doivent bien se combiner et former une pâte lisse.

3. Remettre la pâte dans le moule, saupoudrer d'un peu de farine et couvrir d'un torchon. Laisser lever au moins une heure.

4. Badigeonner ensuite une plaque à pâtisserie d'huile d'olive et la tapisser de papier sulfurisé. Placer la pâte au milieu de la plaque à pâtisserie, arroser avec le reste d'huile d'olive et utiliser le bout des doigts pour étaler la pâte uniformément sur la plaque à pâtisserie de l'intérieur vers l'extérieur.

5. La pâte doit mesurer environ 1 cm de haut et avoir de petites bosses à la surface dues à la

pression du bout des doigts - comme une focaccia italienne. Laisser lever la pâte encore une demi-heure sur la plaque du four.

6. Pendant ce temps, préchauffer le four à 250 degrés. Cuire le pain à four chaud pendant 30 minutes. Ensuite, retirez immédiatement de la plaque de cuisson, retournez et laissez évaporer.

69. Pain à l'avocat

Ingrédients

- 1 avocat (mûr)
- 2 tranche(s) de pain
- 100 g de fromage (au choix)
- Épices (par exemple sel, poivre, piment) **préparation**

1. Pour le pain à l'avocat, épluchez d'abord l'avocat et retirez le noyau. Écrasez un demiavocat sur une tranche de pain avec une fourchette. Assaisonnez avec les épices de votre choix (les flocons de piment, le sel et

le poivre ou les épices de poulet rôti sont particulièrement délicieux).

2. Posez le fromage dessus (fromage à pâte molle en tranches, les plus durs doivent être râpés au préalable) et laissez fondre au four à 180-200°C pendant 5 minutes, de préférence avec la fonction grill. Il est indispensable de surveiller pour que le fromage ne brûle pas sur le pain à l'avocat.

70. Pain aux olives

Ingrédients

- 500g de farine

- 1 paquet de levure sèche

- 2 cuillères à café de sel

- 300 ml d'eau (tiède)

- 100 g d'olives Kalamata (dans l'huile ou en saumure)

- Origan (séché)

- poivre
- 2 cuillères à soupe d'huile d'olive

préparation

1. Pétrir une pâte à levure moyenne à partir de farine, de levure sèche, de sel et d'eau tiède et couvrir dans un endroit chaud.

2. Coupez et épépinez les olives.

3. Abaisser la pâte en deux tranches, l'une légèrement plus grosse que l'autre. Placer la plus grosse tranche sur la plaque graissée et farinée. Répartir les olives sur le dessus et assaisonner d'origan et de poivre.

4. Poser la deuxième feuille de brick sur le dessus, bien presser les bords et badigeonner le pain plat d'huile d'olive. Piquer la surface plusieurs fois avec une fourchette, laisser lever 30 minutes.

5. Enfourner dans un four préchauffé à 180°C et cuire environ 30 minutes.

71. Crème d'aubergines sur pain de sarrasin à

l'épeautre

Ingrédients

- 2 aubergines
- 2 gousses d'ail
- 100 ml d'huile d'olive
- 1 citron (jus et zeste)
- 1/2 cuillère à café de cumin (moulu)
- sel de mer
- Poivre (du moulin)

- 1 cuillère à café de sésame (grillé)
- 6 tranche(s) de pain de sarrasin à l'épeautre
- 2 tige(s) d'oignons de printemps (coupés en rondelles)
- Coriandre (plumée) **préparation**

1. Préchauffer le four à 180°C. Chemiser une plaque à pâtisserie de papier sulfurisé.
2. Coupez l'aubergine en deux dans le sens de la longueur et détaillez la chair en losange en prenant soin de ne pas abîmer la peau.
3. Eplucher et hacher finement l'ail. Presser entre les losanges de la pulpe d'aubergine.
4. Placer les aubergines sur la plaque de cuisson, verser de l'huile d'olive dessus et saler. Mettre au four 45-50 minutes.
5. Grattez la pulpe et placez-la dans une grande tasse. Ajouter le zeste de citron, le jus de citron, le cumin, le sel et le poivre et réduire en purée fine. Incorporer les graines de sésame.

6. Faire revenir les tranches de pain dans une poêle avec un peu d'huile d'olive jusqu'à ce qu'elles soient croustillantes.

7. Répartir dessus la crème d'aubergine. Parsemer d'oignons de printemps et de feuilles de coriandre.

72. Pain de poisson croustillant

Ingrédients

- 1 fougasse

- 250 g de filet de poisson (blanc, sans peau, de préférence cabillaud)

- sel

- poivre

- 3 cuillères à soupe de farine

- 1 oeuf

- 8 cuillères à soupe de farine de panko (ou de pain blanc finement râpé (Mie de Pain))

- Huile végétale (pour la friture ; quantité selon la taille de la poêle ou de la friteuse)

- 1 tubercule(s) de betterave (précuite)

- 2 cuillères à soupe de mayonnaise

- 1 giclée de jus de citron

- 1 poignée de cresson alénois **préparation**

1. Pour le pain de poisson croustillant, coupez les filets de poisson en petits rectangles et assaisonnez de sel et de poivre. Pour une panure croustillante, passez d'abord les morceaux de poisson dans la farine, puis passez-les dans l'œuf battu et enfin tournezles dans la farine de panko ou la mie de pain.

2. Dans une poêle ou à la friteuse, faire revenir le poisson pané à env. 160°C, nageant dans l'huile, jusqu'à coloration dorée. Égoutter le poisson sur du papier absorbant.

3. Pendant ce temps, coupez la focaccia en quatre et coupez-la en deux horizontalement.

Recouvrir le dessous du pain de fines tranchestranches de betteraves rouges.

4. Affinez la mayonnaise avec un peu de jus de citron et étalez-la sur la betterave. Poser dessus un morceau de poisson croustillant et garnir le pain de poisson croustillant de cressonnette. Selon vos goûts, le dessus de la focaccia peut servir de "couvercle".

73. Pain à l'oignon au chèvre

Ingrédients

- 4 oignons (rouges, env. 300 g)
- 1 cuillère à soupe de beurre
- 2 cuillères à café de sucre
- 1/2 cuillère à café de flocons de piment
- 100 ml de vin rouge (sec ou jus de raisin rouge)
- sel

- 4 tranche(s) de pain de campagne (grande)
- 150 g de camembert de chèvre **préparation**

1. Pour le pain à l'oignon au chèvre, épluchez les oignons, coupez-les en quartiers et en fines lamelles. Faire fondre le beurre avec le sucre dans une casserole. Incorporer les oignons avec les flocons de piment et faire revenir à feu moyen-doux pendant environ 5 minutes. Verser le vin rouge ou le jus de raisin et cuire environ 13 minutes jusqu'à ce que le liquide soit crémeux, puis saler.

2. Préchauffer le four à 250 degrés (allumer maintenant : convection 230 degrés). Recouvrir la plaque à pâtisserie de papier sulfurisé.

3. Placer les tranches de pain les unes à côté des autres sur la plaque à pâtisserie et y déposer les oignons. Couper le fromage en tranches de 1 cm d'épaisseur et les déposer dessus. Mettez la plaque au four (au milieu) et faites cuire le pain à l'oignon avec le fromage de chèvre pendant environ 5 minutes, jusqu'à ce que le fromage coule et brunisse légèrement.

74. Bruschetta aux herbes

Ingrédients
- 4 tranches de focaccia (ou autre pain de campagne léger)
- 1/2 cuillère à café d'origan (séché)
- 1/2 cuillère à café de thym (séché)
- 1/2 cuillère à café de marjolaine (séchée)
- 1 pincée de chili en poudre
- huile d'olive **préparation**
1. Pour la bruschetta aux herbes, mélanger les herbes et la poudre de chili.
2. Faire griller brièvement les tranches de pain au four préchauffé à 200°C (chaleur du haut) ou dans une poêle jusqu'à ce qu'elles soient croustillantes.

3. Étaler le mélange d'herbes sur le dessus et arroser généreusement la bruschetta d'huile d'olive.

75. Baguette à l'avocat au four

Ingrédients

- 1 baguette
- 1 avocat
- 5 tomates séchées (dans l'huile)
- 1/2 bouquet de persil
- 120g de camembert
- sel

- 1 pincée de poivre de cayenne

préparation

1. Pour la baguette d'avocat au four, coupez d'abord l'avocat, retirez le noyau, retirez la pulpe et écrasez-le avec une fourchette. Couper les tomates séchées en petits morceaux, hacher finement le persil. Couper le camembert en tranches. La baguette coupée dans le sens de la longueur.

2. Mélanger l'avocat avec les tomates séchées, le persil, le sel et le poivre de Cayenne et étaler sur les deux moitiés de la baguette. Couvrir avec le camembert coupé. Cuire au four à 180 degrés (four ventilé) pendant 5 à 10 minutes. La baguette d'avocat cuite au four servie chaude.

76. Baguette au four au saumon et raifort

Ingrédients

- 1 baguette
- 100g de saumon fumé
- 1/2 bouquet d'aneth
- 1/2 tasse de crème fraîche (ou fromage à la crème)
- 2 cuillères à soupe de raifort de table
- 80 g de Gouda (râpé)
- sel

- Poivre (du moulin) **préparation**

1. Couper le saumon fumé en fines lanières. Hacher l'aneth et mélanger dans un bol avec les tranchessaumon, crèmoi frajeche, raifort et fromage Gouda. Sel et poivre.

2. La baguette coupée dans le sens de la longueur.

3. Étaler le mélange de saumon et de raifort sur les deux moitiés de la baguette, saupoudrer à nouveau de fromage si nécessaire.

4. Cuire dans un four préchauffé à 180-200°C (chaleur tournante) pendant environ 15 minutes.

77. Bruschetta aux Tomates

Ingrédients
- 4 chaussons (ou baguette)
- 2 tomates Beefsteak (bien mûres)
- 1 oignon de printemps
- 2 anchois
- 6 cuillères à soupe d'huile d'olive (pressée à froid)
- 1 gousse d'ail
- 1 cuillère à café d'origan (frais)
- 2 cuillères à soupe de basilic (frais)
- sel
- poivre

préparation

1. Ébouillanter les tomates avec de l'eau bouillante, rincer à l'eau froide, éplucher, épépiner et tiger et hacher finement la pulpe.

2. Séchez les filets d'anchois et coupez-les en petits morceaux. Pelez et émincez finement l'ail.

3. Eplucher et laver l'oignon et le couper en fines rondelles.

4. Lavez, séchez et hachez l'origan et le basilic.

5. Mélanger tous les ingrédients préparés, sel et poivre et ajouter l'huile.

6. Faire griller les tranches de pain (répartir la ciabatta au préalable) jusqu'à ce qu'elles soient dorées et étaler le mélange de tomates sur le dessus.

7. Servir la bruschetta immédiatement avec les tomates.

78. Gâteau sandwich

Ingrédients

- 12 tranche(s) de pain grillé
- 250 g de fromage blanc allégé
- 350g de mayonnaise
- 300 ml de crème fouettée
- 1 boîte(s) de thon
- 300g de jambon
- 3 œufs (à la coque)
- Aneth (pour saupoudrer) **préparation**

1. Pour le gâteau sandwich, fouetter la crème fouettée jusqu'à consistance ferme et mélanger avec le caillé et la mayonnaise. Répartir dans trois bols.

2. Mélanger une partie du mélange avec du thon et une avec du jambon. Conservez le reste du mélange pour terminer le gâteau sandwich.

3. Badigeonner une tranche de pain grillé avec le mélange de thon, placer une deuxième tranche de pain grillé sur le dessus et la badigeonner du mélange de jambon. Enfin, mettez une autre tranche de pain grillé et badigeonnez avec le mélange de mayonnaise caillé.

4. Placer le pain grillé au réfrigérateur et garnir d'œufs et d'aneth avant de servir.

79. Toast de thon au pesto

Ingrédients

- 1/2 poivron
- 1 boîte(s) de thon
- 100g de fromage frais
- Origan (frotté)
- sel
- Poivre (du moulin)
- 1/2 oignon

☐

4 cuillères à soupe de pesto

- 8 tranche(s) de pain grillé
- 40g de mozzarella **préparation**

1. Pour le toast de thon au pesto, préparez d'abord la garniture au thon. Pour ce faire, lavez le paprika, retirez la tige et coupez en dés. Égoutter le thon et mélanger avec le fromage à la crème, l'origan, le paprika en dés, le sel et le poivre. Eplucher l'oignon, le couper en deux et le couper en très fines lamelles.

2. Garnir d'abord la moitié des toasts de pesto, puis de garniture au thon, d'oignons et de mozzarella râpée.

3. Placez la deuxième tranche de pain grillé sur le dessus et faites cuire au grille-pain jusqu'à ce que les deux moitiés du pain soient dorées.

4. Servez aussitôt le toast de thon au pesto.

80. Bruschette aux olives

Ingrédients

- 100 g olive(s) (noir)
- 2 morceaux de filets d'anchois
- 1 cuillère à café d'ail
- 1 cuillère à soupe de pignons de pin
- 4 feuilles de sauge
- 15 pièces Câpres, hachées)
- 2 cuillères à soupe d'huile d'olive

- Romarin

sel

- poivre

- 1 cuillère à café de jus de citron

préparation

1. Pour la bruschette aux olives, bien mélanger tous les ingrédients et assaisonner. Faire revenir les tranches de pain au four préchauffé à 250°C pendant environ 4 minutes. Badigeonner de garniture aux olives et servir aussitôt.

RECETTES DE SALADE

81. Panzanella (salade de pain toscane)

Ingrédients
- 1 pc. Focaccia (avec 300-400g de pain blanc écorcé de la veille)
- 2 oignons (ou plusieurs oignons nouveaux)
- 5 tomates (de préférence fraîches de la panicule)
- 1 morceau de concombre
- Olives (câpres et anchois au choix)
- 100 ml de vinaigre de vin rouge
- 200 ml de bouillon de légumes
- 1 bouquet de basilic (fraîchement haché) huile d'olive
- Sel de mer (fraîchement moulu)

- Poivre (fraîchement moulu) **préparation**
2. Pour la panzanella, coupez le pain rassis en gros cubes et séchez-le sur une plaque allant au four pendant la nuit. Pelez, coupez en deux, épépinez le concombre, coupez-le en tranches et assaisonnez légèrement de sel. Couper les tomates en quatre et à nouveau en deux. Coupez les oignons épluchés en fines lamelles. Mélangez le vinaigre de vin rouge et le bouillon de légumes. Mettez les cubes de pain dans un bol et arrosez d'un peu de mélange de vinaigre. Égoutter l'excès d'eau des concombres. Mélanger le concombre avec les oignons et les tomates. Ajouter le reste du mélange de vinaigre et le pain trempé. Assaisonner avec du sel marin et du poivre du moulin. Incorporer les câpres, les olives et les anchois hachés comme vous le souhaitez. Incorporer enfin l'huile d'olive et saupoudrer de basilic.

82. Salade de pain aux tomates et calamaretti

au four

Ingrédients

Pour les calamaretti :
- 2 calamaretti
- 100 g de farine
- 1/2 citron (jus)
- sel
- poivre
- un peu de persil (haché) *Pour la salade:*
- 500g de tomates
- 200 g de ciabatte
- 10 câpres (grosses)

1 bouquet de basilic

- 1 cuillère à soupe de miel
- 2 cuillères à soupe de vinaigre balsamique
- 3 cuillères à soupe d'huile d'olive
- sel
- poivre

préparation

3. Pour la salade de pain aux tomates avec calamaretti au four, commencez par arracher le pain en petits morceaux et assaisonnez avec un peu d'huile d'olive et de sel. Cuire au four à 200°C pendant environ 15 minutes jusqu'à ce qu'il soit croustillant.

4. Couper les tomates en quartiers. Pour la vinaigrette, bien mélanger le miel, le vinaigre et l'huile d'olive. Coupez les baies de câpres en deux. Mélanger les tomates avec la vinaigrette, le basilic et les câpres, incorporer le pain et assaisonner de sel et de poivre.

5. Couper les calamaretti nettoyés en fines rondelles, assaisonner avec du sel, tourner dans la farine et faire frire dans l'huile de tournesol chaude jusqu'à ce qu'ils soient croustillants. Assaisonner avec du jus de citron, du poivre et du persil avant de servir.

6. Disposer la salade à plat sur une assiette et étaler les calamaretti dessus. Servir la salade de pain aux tomates avec des calamaretti cuits au four.

83. Salade de pain blanc à la mozzarella

Ingrédients
- 2 paquets de mozzarella légère (à 125g)
- 150 g de pain blanc (croustillant)
- 1 botte d'oignons de printemps
- 1 gousse(s) d'ail
- 200g de tomates
- 200g de concombre ☐ 1 bouquet de basilic
- 2 cuillères à soupe de vinaigre balsamique
- 3 cuillères à soupe d'huile de noix
- 1 cuillère à soupe de câpres (petites)
- sel
- Poivre (fraîchement moulu) **préparation**
1. Pour la salade de pain blanc, égoutter et couper la mozzarella en dés. Couper le pain en morceaux de la taille d'une bouchée.

Lavez et nettoyez les oignons nouveaux et coupez-les en fines lanières légèrement inclinées. Eplucher et écraser l'ail.
2. Lavez et nettoyez les tomates et le concombre, retirez le pédoncule des tomates et coupez les légumes en cubes. Lavez le basilic, essuyez-le et arrachez les feuilles des tiges.
3. Mélanger le vinaigre avec du sel et du poivre, incorporer l'huile de noix, mélanger les ingrédients de la salade avec la vinaigrette et servir parsemé de câpres.

84. Salade de pain au four avec tomates séchées de la friteuse à air chaud

Ingrédients
- 2 paquets de mozzarella légère (à 125g)
- 150 g de pain blanc (croustillant)
- 1 botte d'oignons de printemps
- 1 gousse(s) d'ail
- 200g de tomates
- 200g de concombre ☐ 1 bouquet de basilic
- 2 cuillères à soupe de vinaigre balsamique
- 3 cuillères à soupe d'huile de noix
- 1 cuillère à soupe de câpres (petites)
- sel
- Poivre (fraîchement moulu)

préparation
1. Pour la salade de pain blanc, égoutter et couper la mozzarella en dés. Couper le pain en morceaux de la taille d'une bouchée. Lavez et nettoyez les oignons nouveaux et coupez-les en fines lanières légèrement inclinées. Eplucher et écraser l'ail.
2. Lavez et nettoyez les tomates et le concombre, retirez le pédoncule des tomates et coupez les légumes en cubes. Lavez le basilic, essuyez-le et arrachez les feuilles des tiges.
3. Mélanger le vinaigre avec du sel et du poivre, incorporer l'huile de noix, mélanger les

ingrédients de la salade avec la vinaigrette et servir parsemé de câpres.

85. Salade de pain aux tomates avec pulpo frit

Ingrédients

Pour la salade de pain aux tomates :
- 500g de tomates
- 1 ciabatte
- 10 olives ☐ 5 câpres
- 1 bouquet de basilic
- 10 cuillères à soupe de vinaigre balsamique
- 15 cuillères à soupe d'huile d'olive (bonne qualité)

- 1 cuillère à café de miel (jusqu'à 2 cuillères à café)
- sel
- poivre

Pour le pulpo :
- 1 pulpo (petit, env. 1 kg)
- 1 oignon
- 3 feuilles de laurier
- 1 bouquet de légumes à soupe
- 3 orteil(s) d'ail
- sel
- 1 bouquet de persil (petit)
- 1 citron

préparation

1. Pour la salade de pain aux tomates avec du pulpo frit, lavez bien le pulpo, coupez les légumes en cubes et mettez les deux ensemble dans une casserole avec suffisamment d'eau pour que le pulpo soit à peine recouvert.
2. Couvrir et cuire environ 25 minutes, puis laisser mijoter à nouveau sans couvercle pendant 30 à 45 minutes. Percez avec un couteau pour voir si le calmar est tendre. Si c'est le cas, égouttez et coupez les bras en gros morceaux.

3. Assaisonnez le pulpo avec un peu d'huile d'olive et de sel, faites-le frire des deux côtés dans une poêle ou sur le gril jusqu'à ce qu'il soit croustillant. Arrosez d'un peu de jus de citron et de persil finement haché.
4. Coupez la ciabatta en gros cubes, assaisonnez avec un peu d'huile d'olive et de sel et faites cuire au four pendant environ 5 à 10 minutes.
5. Couper les tomates en gros morceaux, les olives et les câpres en petits cubes ou tranches et bien mélanger le tout.
6. Bien mélanger le vinaigre, le miel et l'huile d'olive, mélanger avec le pain et les tomates, cueillir le basilic en gros morceaux et étaler sur le dessus.
7. La salade de pain aux tomates avec le plat de poulpe frit.

86. salade de pain

Ingrédients

- 1 ciabatte
- 1 verre de paprika (grillé)
- 1/2 verre de câpres
- 1/2 oignon
- 100 g de parmesan (râpé)
- 50 g de prosciutto
- Acéto balsamique rosso
- huile
- sel
- poivre

préparation

1. Pour la salade de pain, coupez la ciabatta et le paprika en dés, hachez finement les câpres

et les oignons et coupez le prosciutto en petits morceaux. Mélanger la ciabatta avec tous les ingrédients, faire mariner et servir aussitôt.

87. Salade de pain aux tomates et calamaretti au four

Ingrédients

Pour les calamaretti :

- 2 petits calamars
- 100 g de farine
- 1/2 citron (jus)
- sel
- poivre
- un peu de persil (haché) *Pour la salade:*
- 500g de tomates
- 200 g de chaussons
- 10 câpres (grosses)

- 1 bouquet de basilic
- 1 cuillère à soupe de miel
- 2 cuillères à soupe de vinaigre balsamique
- 3 cuillères à soupe d'huile d'olive
- sel
- poivre **préparation**

2. Pour la salade de pain aux tomates avec calamaretti au four, commencez par arracher le pain en petits morceaux et assaisonnez avec un peu d'huile d'olive et de sel. Cuire au four à 200°C pendant environ 15 minutes jusqu'à ce qu'il soit croustillant.

3. Couper les tomates en quartiers. Pour la vinaigrette, bien mélanger le miel, le vinaigre et l'huile d'olive. Coupez les baies de câpres en deux. Mélanger les tomates avec la vinaigrette, le basilic et les câpres, incorporer le pain et assaisonner de sel et de poivre.

4. Couper les calamaretti nettoyés en fines rondelles, assaisonner avec du sel, tourner dans la farine et faire frire dans l'huile de tournesol chaude jusqu'à ce qu'ils soient croustillants. Assaisonner avec du jus de citron, du poivre et du persil avant de servir.

5. Disposer la salade à plat sur une assiette et étaler les calamaretti dessus. Servir la salade de pain aux tomates avec des calamaretti cuits au four.

88. Salade de pain aux haricots et poivrons

Ingrédients
- 300 g de pain (vieux)
- 1 piment pointu (rouge)
- 10 tomates cerises
- 100 g de roquette
- 10 feuilles de persil
- 10 feuilles de menthe
- 10 fisoles (vert)
- 10 fisoles (jaune)
- 1 cuillère à soupe de sirop d'érable
- 3 cuillères à soupe de vinaigre balsamique
- 4 cuillères à soupe d'huile d'olive
- sel

- poivre

préparation
1. Couper le poivron en quatre dans le sens de la longueur et retirer le pédoncule et les graines. Faites-le saisir de tous les côtés dans une poêle ou sur le gril.
2. Cuire les haricots verts dans une grande quantité d'eau salée jusqu'à ce qu'ils soient fermes sous la dent, rincer à l'eau froide et écarter dans le sens de la longueur, couper les tomates en deux.
3. Couper le pain en petits cubes.
4. Mélanger le sirop d'érable, le vinaigre, l'huile d'olive et le pain dans un bol; le pain doit saisir la vinaigrette presque complètement et devenir mou dans le processus.
5. Ajouter la roquette, les tomates, les herbes, les haricots verts et le paprika, bien mélanger et assaisonner de sel et de poivre. Étaler sur une assiette plate et servir aussitôt.

89. taramosalate

Ingrédients

- 1/2 miche(s) de pain (imbibé de lait et essoré)
- 1 1/2 verre d'huile d'olive
- 1/2 verre de jus de citron
- 160 g de tarama (œufs de poisson)
- 3 pommes de terre (cuites et égouttées, 4 si nécessaire)
- Persil (finement haché)

préparation

1. Faire tremper les œufs de poisson dans un paquet de linge pendant 10-20 minutes dans de l'eau presque bouillante afin que l'excès

de sel dans le "tarama" soit lessivé. Alors exprimez-le bien (ou passez-le).
2. Bien mélanger avec le mélange de pain et les pommes de terre.
3. Ajouter graduellement l'huile d'olive et le jus de citron en remuant constamment.
4. Parsemez le taramosalata de persil et servez avec du pain blanc, des pitas ou des crudités.

90. Salade de pain à l'italienne

Ingrédients
- 1/2 baguette (en dés)
- 100 g de salami (piquant)
- 100 g de roquette
- 1202 g de tomates cerises
- 20 ml de vinaigre balsamique (Bianco)
- huile d'olive
- sel de mer
- 1 brin(s) de romarin
- 50 g de parmesan (tranché finement)
- Poivre

préparation
1. Pour la salade de pain à l'italienne, mettez de l'huile d'olive avec un brin de romarin dans une poêle et laissez chauffer. Trancher grossièrement le salami et le faire frire dans la poêle jusqu'à ce qu'il soit croustillant. Placer ensuite sur du papier crépon pour refroidir.
2. Ajouter un peu d'huile d'olive et la baguette coupée en cubes dans la poêle chaude. Pendant ce temps, lavez la roquette, retirez les tiges et assaisonnez avec du vinaigre, de l'huile, du sel de mer et du poivre.
3. Ajouter les cubes de pain croustillants et refroidis et les chips de salami à la roquette et bien mélanger le tout. Enfin, ajoutez du parmesan râpé et saupoudrez le reste sur la salade de pain italien finie.

91. Salade de pain croustillant et fromage

Ingrédients
- 120 g de pain de seigle complet (3 tranches)
- 30 g de raisins secs
- 4 cuillères à soupe de vinaigre de fruits
- sel
- poivre
- 4 cuillères à soupe d'huile de carthame
- 300 g de pommes (par exemple, elstar, 2 pommes)
- 1 ½ botte de radis

- 100 g tranché fromage (par exemple, leerdammer, 17% de matière grasse absolue)
- 1 bouquet de persil plat

Étapes de préparation
1. Couper le pain en cubes de 1 cm et les faire rôtir dans une poêle non huilée à feu moyen pendant environ 4 minutes jusqu'à ce qu'ils soient croustillants. Mettre sur une assiette et laisser refroidir.
2. Pendant ce temps, rincez les raisins secs à l'eau chaude et égouttez-les. Mélangez du vinaigre de fruits avec un peu de sel, de poivre et d'huile de carthame pour faire une vinaigrette.
3. Lavez les pommes, coupez chaque pomme des 4 côtés vers le centre en tranches d'environ 5 mm d'épaisseur, coupez les tranches en cubes. Mélanger les cubes de pomme et les raisins secs avec la vinaigrette.
4. Lavez, égouttez et nettoyez les radis. Mettre les petites feuilles de radis de côté; Couper les radis en quatre.
5. Couper les tranches de fromage en carrés de 2 cm. Lavez le persil, secouez-le pour le sécher et arrachez les feuilles.

6. Mélanger le fromage, le persil et les feuilles de radis, les radis et la vinaigrette aux pommes. Assaisonner au goût avec du sel et du poivre.
7. Mettez la laitue dans un grand récipient de conservation des aliments bien fermé (contenu environ 1,5 l) pour le transport. Mettez les cubes de pain dans un récipient de conservation des aliments plus petit (capacité d'environ 500 m) et saupoudrez-les sur la salade de fromage et de radis avant de servir.

92. Cevapcici en galette

Ingrédients
- 1 kg de viande hachée (mixte boeuf/agneau ou boeuf/porc)
- 1 gros oignon
- 3 gousses d'ail a
- peu de persil frais
- 1 cuillère à soupe d'huile d'olive
- 1 cuillère à soupe de sel
- 3 cuillères à café de poudre de paprika
- 3 cuillères à café de poivre finement moulu
- Galette

- salade
- ajvar
- piments

Préparation

3. L'oignon est finement râpé (non haché), les gousses d'ail sont pressées, le persil finement ciselé. La viande hachée est bien mélangée avec l'oignon, l'ail, le persil et les autres ingrédients afin que les épices soient uniformément réparties.
4. Maintenant, vous formez des cevapcici d'une épaisseur d'un pouce, d'environ 7 cm de long. L'utilisation du Cevapomaker est appropriée ici, avec laquelle vous pouvez former sept Cevapcici en un seul cours. *Grillage*
    2. Le gril est préparé pour griller directement à feu moyen. Les cevapcici sont placés sur la grille chaude, retournés après 3 à 4 minutes et grillés de l'autre côté. Ensuite, les cevapcici sont retirés du gril et nous préparons les pains plats. Le pain plat est garni de salade et 6 à 7 cevapcici sont placés sur le dessus. Étalez 2 à 3 cuillères à soupe d'entre-deux dessus et placez deux poivrons dessus.

93. Pain Protéiné Moelleux Avec Nutri-Plus

Ingrédients
- 90g   poudre de protéine neutre Nutri-Plus
- 200g Noix de cajou
- 200g graine de lin
- 500g Yaourt de soja non sucré
- 150 ml de   l'eau
- 100g Graines de tournesol
- 1 paquet levure chimique
- 1/2 cuillère à café de sel

Préparation

1. Mettez d'abord les noix de cajou, les graines de lin et la poudre de protéines dans un mélangeur et hachez le tout en une farine grossière.
2. Versez ensuite le yaourt de soja, l'eau, le bicarbonate de soude et le sel dans un bol et ajoutez le mélange de poudre de protéines de cajou.
3. Troisièmement Incorporer le tout dans une pâte lisse et la remplir dans une forme tapissée de papier sulfurisé.
4. Laissez la coquille de la pâte pendant environ 10-15 minutes. Avec le temps, vous pouvez préchauffer le four à 175°C.
5. Cuire le pain environ 60 minutes. Pour vous assurer qu'il est bien cuit, faites le test au bâton.
6. Laisser refroidir, pour un goût délicieux puis laisser goûter.

94. Salade étagée colorée

Ingrédients
- laitue iceberg
- tomates
- boîtes de maïs
- concombres moyens
- poivron jaune
- 2-3 oignons rouges
- poitrines de poulet (environ 0,5 kg)
- assaisonnement pour petits pois et poulet
- 2-3 morceaux de pain
- assaisonnement pour toasts
- Beurre et huile de friture
- Sauce aux herbes

préparation:
1. Coupez le poulet en petits morceaux, saupoudrez de gyroscopes et de poulet, assaisonnez au réfrigérateur pendant 1-2 heures.
2. Couche la salade en couches. Nous déchirons la laitue et mettons les plats au fond. Couper les tomates en moitiés ou en tranches. Nous égouttons le maïs. Peler les concombres et les couper en moitiés ou en tranches. Coupez ensuite les poivrons en lanières. Couper les oignons rouges en quartiers de tranches.
3. Nous chauffons l'huile et faisons frire le poulet.
4. Coupez le pain en petits cubes, faites chauffer le beurre dans une poêle et versez les tranchés du pain sur eux. Faire frire jusqu'à coloration dorée, saupoudrer d'un toast jusqu'à la fin de la friture.
5. Nous préparons la sauce aux herbes selon la recette sur l'emballage et versons la salade entière avant de servir.

95. Sandwich caprese

Ingrédients

- 2 tranches ou tranches de pain consistantes
- Découpé en tranches tomate fraîche
- Tranches de mozzarella fraîche
- 1 poignée de feuilles de basilic frais
- 1 cuillère à soupe de sauce pesto ou un filet d'huile d'olive extra vierge
- Sel et poivre

Préparation
1. Placez les tranches de pain sur une assiette et arrosez d'huile d'olive ou tartinez d'un peu de sauce pesto.
2. On met la tomate en tranches, on poivre la tomate et on place les tranches de mozzarella et les feuilles de basilic lavées et séchées. Couvrir avec l'autre tranche de pain.
3. Nous servons pour le moment, fraîchement préparé, afin qu'il ne se mouille pas et ne se détériore pas

96. Aubergines au parmesan au four dans le

moule à feuilles

Ingrédients

- Couper 3 aubergines de taille moyenne ou 5 petits cercles de 1/2 pouce
- oeufs, battus
- 1 tasse de chapelure italienne assaisonnée
- Huile d'olive extra vierge pour arroser
- 1/2 verre de sauce marinara
- Couper 5-6 tomates en tranches épaisses
- boules de mozzarella de bufflonne, coupées en deux (voir photo ci-dessus)
- 1/4 tasse de parmesan râpé
  environ 15 feuilles de basilic frais

préparation

1	Le four préchauffe à 425 F.
2	Saupoudrer l'aubergine dans l'œuf, la chapelure et étaler finement sur la plaque de cuisson. Cuire encore 15 minutes. Retirer la plaque et refroidir à 350 F. Retourner chaque aubergine mais ne pas remettre au four.
3	Disposez un peu de sauce sur chaque aubergine. Déposez dessus une tranche de tomate. Saupoudrer une petite quantité de sel sur chaque tomate. Déposer un demi-rond de mozzarella Buffalo sur chaque tomate. Ajuster 15 minutes au four à 350 F.
4	Allumez le four sur le gril au bout de 15 minutes. Faire griller pendant 3 minutes ou jusqu'à ce que le fromage soit doré et fondant. Surveillez de près pour que le fromage ne brûle pas.
5	Retirer la plaque de cuisson et badigeonner de parmesan sur chaque aubergine, en ajoutant une feuille de basilic sur le dessus. Aimer!

97. Sandwich Aubergine Grillée

Ingrédient
- 1 aubergine moyenne (ou 2 petites courgettes)
- 1 à 2 cuillères à soupe de sauce soja à faible teneur en sodium (utilisez de la sauce soja sans blé si vous êtes sensible au gluten)
- 1 cuillère à soupe de vinaigre balsamique
- 8 grosses tranches épaisses de pain complet ou de pain sans gluten
- 1 poivron rouge rôti, tranché
- 1 grosse tête d'ail rôti
- 4 cuillères à café de moutarde de Dijon (facultatif)

4 feuilles de laitue rouge

Préparation

1. Couper l'aubergine en diagonale en tranches de 1/4 pouce (6 mm).
2. Badigeonner les tranches d'aubergine de sauce soja et les faire rôtir sur un gril ou une poêle en fer assaisonnée à feu moyen-vif pendant 2 à 4 minutes de chaque côté jusqu'à ce qu'elles soient tendres et légèrement dorées.
3. Retirez-les de la poêle et saupoudrez de vinaigre. Mettez-les de côté. Faites griller le pain si désiré et étalez 2 à 4 gousses d'ail dans la tranche inférieure, ajoutez une couche d'aubergines grillées, pliez les morceaux mous pour qu'ils tiennent dans la tranche de pain.
4. Garnir de tranches de poivron rouge rôti et de laitue. Étendre de la moutarde sur la tranche de pain supérieure, si désiré, puis terminer le sandwich et servir.

98. Pain aux oeufs aux herbes avec crème de tomate

Ingrédients

- 2 tranche(s) de pain noir

- 1 oignon de printemps (petit, lavé, coupé en rondelles)

- Cresson (pour saupoudrer)

- 2 cuillères à soupe de beurre (pour la friture) *Pour la crème de tomates :*

    4 cuillères à soupe de fromage à la crème

- 6 cuillères à soupe de concentré de tomate
- sel
- Poivre (du moulin)

Pour le plat d'œufs aux herbes :

- 4 œufs
- 1 coup d'eau minérale
- 1/2 bouquet de persil (lavé, haché finement)
- 1/2 botte de ciboulette (lavée, coupée en rouleaux)
- 1 poignée de pousses (de votre choix, par exemple des pousses de chou rouge)
- sel
- Poivre (du moulin)
- 1 pincée de muscade (râpée) **préparation**

1. Pour le pain aux œufs aux herbes, battre les œufs avec la crème de tomate, saupoudrer d'eau minérale et bien assaisonner avec du

sel, du poivre et de la muscade. Incorporer les herbes.

2. Faire fondre le beurre dans une poêle. Dès que le beurre commence à bouillonner, versez le mélange herbes-œufs dans la poêle et laissez reposer lentement en remuant encore et encore. Dès que le plat d'œufs est ferme au fond mais encore légèrement coulant au sommet, retirez la casserole du feu et réservez.

3. Pour la crème de tomates, mélangez grossièrement le cream cheese avec 2 cuillères à soupe de concentré de tomates, salez et poivrez. Coupez les tranches de pain en deux au goût et badigeonnez avec 2 cuillères à soupe de concentré de tomate chacune, puis étalez la crème de tomate sur le dessus. « Ramassez » des plats d'œufs aux herbes avec une fourchette et étalez-les sur le pain.

4. Saupoudrer le pain aux œufs aux herbes avec la crème de tomate avec le cresson et la ciboule et servir.

99. Toasts méditerranéens

Ingrédients 2 portions

- 1/2 boîte de pois chiches
- 1 poignée de roquette (environ 10 feuilles)
- 2 tranches de pain (meilleur champ)
- 1 tomate experte
- Acheto
- olive
- Le sel

Préparation

1. Couper la tomate en tranches, pas très fines. Faites-les cuire dans une poêle avec un filet

d'olive. Ne les retirez pas, ne les retournez que lorsqu'elles sont cuites d'un côté. Ajoutez une touche de douleur à. Réservation. 2. Écrasez les pois chiches et un peu d'olive. Vous pouvez le traiter, mais avec une fourchette, ça se passe bien. Si vous voulez du sel, j'ai fait cette recette sans sel et c'était super.

3. Laver les feuilles de roquette
4. Badigeonner les tranches de pain d'olive et de pain grillé
5. Tartiner le pain avec les pois chiches. Audessus du pois chiche, disposer quelques tranches de tomates, et dessus la roquette. Terminer par un filet d'huile d'olive.

100. Tramezzini avec oeuf et anchois

Ingrédients

- 12 tranches de pain tramezzini (pain blanc moelleux et juteux sans croûte)
- 6 œufs (cuits durs et tranchés finement)
- 12 filets d'anchois (incrustés)
- 200 g de mayonnaise (faite maison si possible)

Préparation

1. Badigeonner généreusement les tranches de pain de mayonnaise. La moitié supérieure du pain avec la moitié des tranches d'œufs. Déposer les filets d'anchois égouttés dessus et garnir des tranches d'œufs restantes. Disposez les tranches de pain restantes sur le dessus et coupez en diagonale en deux triangles.

CONCLUSION

Profitez de l'odeur du pain fraîchement cuit dans votre cuisine - faites du pain ou cuisinez-le avec du pain. Du levain maison, au pain de vacances farci, des sandwichs à la soupe au pain... Que ce soit du pain complet, du pain aux olives ou du pain farci, que ce soit du pain paysan, du Weckerl ou du panini, qu'il soit noir ou blanc, vous trouverez ici de nombreux pains et recettes de pâtisserie. Il existe également des trucs et astuces utiles pour assurer le succès de votre pain. Variez votre pain préféré avec de nouvelles épices, herbes, noix ou graines.

www.ingramcontent.com/pod-product-compliance
Lightning Source LLC
Chambersburg PA
CBHW070356120526
44590CB00014B/1153